PROJET D'UN PONT

SUR LA RIVIERE D'ALLIER

A MOULINS,

PROPOSÉ

PAR Mr. DE LA JONCHERE,

Seigneur des Vergnes, Ingenieur.

M. DCC. XLI.

✼✼✼✼✼✼✼✼✼✼✼✼✼✼✼✼✼✼✼✼✼

PROJET
D'UN PONT

SUR LA RIVIERE D'ALLIER

A MOULINS,

Precedé d'Observations tendantes à donner une idée de l'Auteur, & à faire connoître les motifs qui ont jusqu'à present suspendus l'exécution de cet ouvrage.

Nascuntur Ingenio doti ; fabricando fit faber.

 N peut avec raison comparer les Ingenieurs aux Poëtes, & dire des uns ce qu'on dit des autres *Nascuntur*, en effet, un Ingenieur à beau étudier, réfléchir, travailler & se rompre dans les principes de son Art, si la nature ne lui donne de certaines dispositions, il n'est jamais qu'un homme fort ordinaire & fort borné.

A

J'ay même remarqué entre eux des conformitez très-particulieres, car comme il est des Poëtes à qui il naît sous le pas de ces tours heureux, de ses pensées fines & brillantes que nombre d'années ne peuvent procurer à d'autres qui les recherchent avec empreffement, de même, il est des Ingenieurs qui ont le talent de tirer sur le champ de la qualité des objets, ou de la situation des lieux qui y paroiffent souvent les moins propres, des avantages que dans le cours de leur vie, d'autres n'appercevroient seulement pas, on en verra des preuves convainquantes par ce qui va être produit ci-après.

Ce n'est pas que la nature faffe seule un Ingenieur, il faut encore que de son côté le sujet y concourre par une étude profonde, par des reflexions & des experiences réïterées, par des voyages qui lui donnent lieu de connoître & d'examiner ce qu'il y a de plus rare & de plus curieux dans son Art, & enfin par une application continuelle à dévélopper les raisons, les causes & les refforts qui animent les Mécaniques, & dont on fait ufage dans les travaux que le genie procure, en ne négligeant rien de tout ce qui peut donner des lumières & des inctructions fructueufes, après s'être munis de principes clairs & folides dont on se faffe

une loi de ne jamais s'écarter dans ſes idées
& productions, car ce ſont là les élemens,
qui ſecondez par les faveurs de la nature,
peuvent faire un vrai & parfait Ingenieur,
ſans quoi on ne l'eſt jamais que de nom.

Mais la nature en donnant ces diſpoſi-
tions, fait toûjours un funeſte preſent à
ceux à qui elle ne donne pas en même tems
cet eſprit inſinuant, flateur & complaiſant,
qu'il faut néceſſairement avoir pour s'aquerir des protections, ſans leſquelles ces talens ne lui attirent que des ennemis, &
contribuënt ſouvent plus à le ruiner qu'à
l'enrichir.

Auſſi quant on ne ſe trouve pas doüé
de cet eſprit de ſoupleſſe, de manege & d'in-
trigues que les veritables Geometres ne
connoiſſent guére : quelque capacité que
l'on ait, il y a de la ſageſſe à ne pas tenter la
fortune, parce qu'il eſt rare que l'envie, la
jalouſie, le credit, & la réputation ne ſe
réüniſſent pour arrêter de concert un homme qui n'a pour tout appui que ſa capacité;
& faire échoüer ſes propoſitions les plus utiles, principalement à l'égard de celles qui
doivent être agrées des Miniſtres, leur trop
grandes occupations ne leur permettant pas
d'examiner par eux mêmes la validité & ſolidité de ce qu'on leur propoſe, ils ſont dans
l'obligation de s'en raporter à gens qui ſou-

vent par leur manege se sont accredités auprès d'eux & qui pour s'y soutenir ne cherchent qu'à éloigner l'exécution de toutes sortes de projets étrangers , de crainte d'être offusqués par les Proposans, ou que leur postes, leur credit , & leur réputation n'en souffrent, & s'ils ne le font pas par eux mêmes, ils ont le soin de le faire faire par ceux qui en pareil cas ont avec eux un interêt commun, de sorte que plus la proposition leur paroît utile, & plus ils s'attachent à recourir aux manœuvres , ruses & moyens qu'ils sçavent employer à propos , pour prévenir les Ministres, soit en l'avilissant par l'indifference méprisante avec laquelle ils semblent la traiter , soit en la representant ou la faisant representer par ses foibles & répendant dessus ce ridicule , qui fait qu'on ne daigne pas souvent entendre ce qu'un Auteur pourroit dire pour sa deffense ; trop heureux s'il ne se trouve pas confondu avec elle & si malgré de grands talens , accompagnez de tous le bon sens possible , il n'a pas le désagrement de se voir publiquement traiter comme un visionaire.

Ce que je dis en géneral , & sans préjudice de l'exception , se pratique également dans toutes les Académies & Societez qui ont les Sciences pour objet , les Gens qui en remplissent les places s'imaginent pour l'ordinaire, que tout ce qui y a rapport eſt un bien qui leur eſt propre, & que c'eſt anticiper ſur leurs droits, que d'avoir quelque ſcience, & de l'oſer faire paroître en public, quand on n'eſt pas de leur Societé, ainſi toute propoſition étrangere d'un certain ordre, eſt par eux regardée comme un trompette qui les avertit de s'unir & de s'aſſembler pour la détruire, du moins auprès des perſonnes qu'il eſt de leur interêt d'en diſſuader, comme ſont celles qui diſtribuënt les graces, leſquelles pourroient revenir de la prévention qu'elles ont en leur faveur, ſi elles voyoient que des Etrangers fiſſent des découvertes ſavantes & avantageuſes, qu'il auroit été de l'honneur de la Societé de découvrir & de propoſer.

L'expérience de pareille conduite tenuë à mon égard en differétes occaſions me donne lieu de parler ainſi, & pour faire voir que ce n'eſt point à tort, je prendrai la liberté d'en produire ici quelques exemples, peut-être ne ſera-t'on point fâché de les voir, en tout cas, je ſerai charmé qu'on en ſoit inſtruit; ſi ce n'eſt pas une ſatisfaction profitable, d'avoir en ces Projets l'approbation du public, c'en eſt une grande pour tout honnête homme, de pouvoir convaincre ſes Compatriotes, que l'envie, la jalouſie & la vengeance ont été les cauſes qu'il ne leur à pas procuré toute l'utilité qu'on pouvoit esperer de ses talens, quoy qu'il n'ait rien oublié pour y parvenir.

Le premier ouvrage que j'ai donné publiquement, a été la nouvelle Méthode de fortifier, que j'eus l'honneur de dédier en 1717. à S. A. R. Monseigneur le Duc d'Orleans Regent du Royaume, comme le fruit de mes services par terre & par mer, & de mes reflexions sur les plus importantes places de l'Europe que j'avois visité, & de partie desquelles j'avois levé le Plan sur les lieux. M. de Varignon qui en fut nommé l'Examinateur ; lui donna le titre de Méthode de fortifier les plus grandes Villes, en les rendant avec peu de dépenses incomparablement plus fortes que par aucune des regles pratiquées jusqu'à ce jour ; ce qui fut assés généralement applaudi, comme il paroît par la description & l'éloge qu'en firent les Journaux des Savans, de Trevoux, & de Verdun , aussi est-elle fondée sur des maximes incontestables, & les démonstrations en sont si simples & si claires que le journal de Trevoux publia que j'avois trouvé le secret de faire entendre à tout le monde, ce qui avoit paru jusqu'à lors ne pouvoir jamais être à la portée de tout le monde.

En l'année 1718. l'Academie des Sciences ayant approuvée des Pompes d'une invention très-curieuse , on détruisit celles de la Samaritaine pour les substituer en leur place, & on changea totalement à cet effet la machine & le bâtiment dont l'Inventeur eut la conduite, avec une gratification manuelle, & une pension très-considerable.

La plûpart des Gens curieux ne manquerent pas d'aller voir ces Pompes , & d'en admirer l'effet qui étoit réellement très-féduisant : J'eux le malheur d'y aller comme les autres; car loin de les admirer je réconnus du premier coup d'œil que quoi qu'elles produisissent de l'eau continuellement, elles n'en étoient pas moins deffectueuses en ce qu'elles employoient le double de la force des Pompes ordinaires, & qu'elles ne donnoient pas plus d'eau; néantmoins calculant la force avec laquelle elles agissoient, & combinant l'effet de la disposition des manivelles , je ne laissai pas d'en tirer le moyen de faire qu'avec la même force, on pût sans beaucoup de depenses procurer dans Paris. quatre fois autant d'eau qu'il n'en retire de cette part; cet avantage étoit très-considerable , mais ce qu'il y ayoit de fâcheux, c'est que je ne pouvois le proposer sans prendre à partie

l'Academie qui avoit approuvée les Pompes qu'il me faloit détruire , & je la ref-
pectois aſſés pour ne vouloir pas la heur-
ter ainſi de front.

La voye la plus courte que j'imaginai
dans une occurence ſi délicate ; fut de
preſenter à l'Academie même , une Diſ-
ſertation ſur ces nouvelles Pompes , & en
démontrant leur deffauts , faire ſentir les
avantages qu'on en pourroit tirer , ſans parler aucunement de l'approbation que l'Accademie leur avoit donné ; je ne doutois
pas qu'elle ne me ſçût gré de ma diſcretion ,
& que réconnoiſſant qu'il y avoit Gens capables de trouver des défauts dans ce qu'elle
jugeoit quelque fois pouvoir mériter ſon
aprobation , elle y auroit égard ; il en arriva
tout le contraire , l'Academie renvoya mon
Memoric à ceux qui avoient examinés ce
Pompes, leſquelles regardans comme une in-
ſulte la crytique que j'oſois leur en preſenter
refuſerent d'y répondre malgré mes vives
inſtances , ce qui m'ayant porté à décrier
authement leſdites Pompes ; on en recon-
nut les défauts . & on les ſupprima pour rétablir les anciennes ; cependant au bout
de ſept mois qu'il enreſtoit , à peine une
idée; Mrs. de l'Academie trouverent à propos de me faire remettre la réponſe que je
leur avois ſi inſtamment demandé, en laquelle

quelle après être convenu de la réalité de tout ce que je proposois , ils marquerent qu'ils avoient trouvés les mêmes défauts que moi dans ces nouvelles Pompes ; qu'ayant pû cependant n'en avoir point eu connoiſſance ; cela ne devoit point m'ôter le mérite de ma découverte ; mais qu'à l'égard des avantages que je pretendois en tirer ; quoi qu'effectifs & réels je ne devois pas en faire tant de cas, parce qu'il n'y avoit rien que de très-mediocre & de très-commun ; cet écrit n'étoit point ſigné , il fut ſeulement donné à M. l'Abbé Bignon qui me le remit ; en me témoignant l'extrême chagrin qu'il en reſſentoit.

Une pareille reponſe me parut mériter la replique dont je l'accompagnai , & après les avoir conjointement fait imprimer , j'en donnai des exemplaires à tous ceux qui en voulurent.

On n'aura pas de peine à croire ; que depuis ces Meſſieurs n'ont guerre laiſſé paſſer d'occaſions d'en marquer leur reſſentiment, la haine de toutes les Societés eſt implacable , chacun de ſes membres en particulier eſt très-honnête-homme , & de plus votre ami , mais le ſoutien , l'interêt & l'honneur commun de la Société , exigent qu'un ennemi déclaré ne reſte jamais impuni ; ce n'eſt pas que je m'en ſois beaucoup

embaraffé, pour peu que j'y eus été fenfi-
ble, j'aurois bien peu profiter de diverfes
occurences qui fe font offertes pour prendre ma revanche, mais je ne l'ai pas fait
par la confideration particuliere que j'ai
pour quels qu'uns des membres de cette
Academie que j'honore & que je refpecte,
fçachant qu'uniquement occupez de ce qui
les concernent, ils n'entrent point dans
les caballes & ne prennent point de part
dans les difcutions de cette efpece.

M. le Comte de Saxe ayant eu parti-
culierement connoiffance, de plufieurs oc-
cafions qui s'en font prefentées, pourroit
en rendre un témoignage conftant; ce
Seigneur à les difpofitions du monde les
plus heureufes pour les mecaniques, &
s'il avoit continué l'application avec laquelle on la vû s'y attacher, il eft conftant
qu'il auroit pouffé cette Science au-delà
de tout ce qui a paru jufqu'à prefent: il
imagina en 1727. de faire monter fur la
riviere un Bateau, par l'effort des mouve-
mens qu'il devoit contenir, & pour y parvenir on peut affurer qu'il mit en œuvre
tout ce qu'il y a de plus ingenieux dans les
mecaniques, craignant même que ces propres lumieres ne fuffent pas fuffifantes, il ne
dedaigna point de confulter tous les plus
fameux Mecaniciens connus en Europe,

jusques-là que pour ne pas tomber dans l'inconvenient de faillir contre les principes , il choisit un des membres de l'Academie des Sciences pour le remettre sur les voyes , & en même tems pour lui procurer une correspondance étroite avec cette Societé, dont il esperoit tirer de grands secours ; cependant après trois années de tentatives continuelles il se vit obligé de renoncer à cette entreprise , & ce fut alors que je lui decouvris la façon dont il devoit s'y prendre, pour venir about de son Projet; les moyens que je lui proposai lui parurent immanquables , & il fut moins surpris de leur extrème simplicité , que de ce que parmi tant de Savans qu'il avoit consulté, il n'en avoit trouvé aucun qui lui eut seulement donné une idée qui en approcha , aussi l'a fit il executer aussi tôt & chacun à pu voir cinquante fois monter ce Bateau des Invalides aux Quatre Nations en 26. ou 27. minutes, & descendre en 7. seulement, cette distance est d'environ 1200. toises; que si on avoit voulu mettre cette machine à profit, j'en aurois peut-être bien trouvé les moyens.

j'avouerai ici que pendant le temps que j'ai eu l'honneur de frequenter M. le Comte de Saxe , j'ai aquis de lui diverses idées très-importantes , & dont je ne

doute point qu'on ne tirât de grands avantages dans les armés; elles m'ont paru même
si essentielles, que je n'aurois pas manqué
de travailler dessus, & de faire consequam-
ment des experiences, si j'en avois eu le
tems & la commodité.

Ce fut aussi ce Seigneur qui me donna
l'idée du Geometre qu'en 1730, je pris
la liberté de presenter à Sa Majesté,
m'ayant simplement assuré qu'il avoit vû
une machine qu'un Particulier avoit offert
au Roy Auguste de Pologne son Pere, laquelle étant attachée aux roües d'un ca-
rosse, en marquoit tous les tours, & indi-
quoit ainsi le chemin qu'on avoit fait, mais
il ne put m'en dire la construction,
prace que l'Auteur ne voulut pas en découvrir les ressorts, néanmoins au bout de
quinze jours je lui apportai une machine,
à peu près semblable à celle dont il m'avoit
parlé, & en consequence je proposai publiquement par un memoire imprimé, d'en
faire construire une particuliere, au moyen de laquelle je me faisois fort de divi-
ser exactement dans l'espace de six mois
toutes les grandes routes du Royaume de
mil toises en mil toises, outre la satisfac-
tion de sçavoir précisement la distance
d'un lieu à un autre, c'est qu'on auroit pû
faire en même tems; ce que M. Rossignol

Intendant d'Auvergne a fait si utilement dans cette Province, dont il a divisé les grands chemins par des bornes, sur chacune desquelles est marqué le nombre de toises qu'il y a de l'une à l'autre, & les Villages circonvoisins qui doivent en avoir soin, ensorte que sans être à charge au Roy & à l'Etat, ces routes ne pourront manquer à l'avenir d'être toûjours bien entretenuës, par l'attention que les Sindics qu'il a à cet effet établis dans chaque Village seront obligez de prendre, pour reparer aussi-tôt le moindre défaut qui s'y trouvera.

On sçait qu'une legere reparation faite à propos suffit pour tenir un grand chemin en bon état, laquelle reparation auroit coutée des sommes immenses, si on l'avoit negligée, & on peut juger de quelle importance seroit un pareil établissement, par l'utilité que le commerce tire d'un grand chemin bien entretenu, & par la facilité qu'en reçoit le transport mutuel des denrées.

En 1736. je donnai publiquement une découverte, dont j'avois eu l'honneur d'entretenir S. A. R. Monseigneur le Duc Regent en 1719. & que depuis je proposai par une requête imprimée à toutes les Puissances de l'Europe en la Personne de leurs Ambassadeurs Plenipotentiairs aux Congrez de Cambrai, & de Soissons ; les priant de nommer des Examinateurs, qui puſſent leur en rendre un compte exact & fidel, mais ces Congrez s'étant diſſous avant que ma requête eut été reponduë, je me déterminai en 1736. à donner en France cette propoſition, pour cet effet je l'a remis à l'examen d'un des membres de l'Académie des Sciences, en vertu du choix qui m'en fut donné ; je ne prétend pas en faire ici l'éloge, elle eſt imprimée, on la peut voir, il s'agiſſoit des longitudes. Je comptois que ſi Mrs. de l'Académie ne les avoient pas découvertes, ils auroient du moins la ſatisfaction de voir, que c'étoit le fruit du travail d'un de leur Concitoyens, & que la confiance que j'avois eu en elle, en demandant un Academicien pour en être l'Examinateur, feroit oublier tout ce qui s'étoit paſſé entre nous ; mais la jalouſie de métier s'en mêla, ce qui fit, que quoique l'Examinateur dans ſes reflexions eut avoüé que cette propoſition étoit bonne pour les longitudes ſur terre, il ne laiſſa pas de la juger inutile, par la quantité de moyens dont il prétendoit qu'on eſt en uſage de ſe ſervir pour cela ; diſant de plus qu'en 1669. pareille propoſition avoit été faite, & n'avoit point été agrée, & qu'enfin les Puiſſances qui avoient promiſes des recompenſes, ne les avoient promi-

ſes que pour la découverte des longitudes
ſur mer, & que celle-ci ne pouvoit être
utile que ſur terre ; cette déciſion ne
m'empêcha pas de la faire imprimer &
de la repandre à la Cour & à la Ville,
mais les principaux de l'Academie craignant que l'éclat d'une ſemblable propoſition ne préjudicia aux inteters, & à la
reputation de la Societé, ne manquerent
pas d'aller auſſi-tôt en Cour pour y détruire
les favorables impreſſionsqu'une découverte ſi deſirée auroit pû y faire, & ils n'eu-
rent pas de peine à en venir à bout; un Academicien qui parle, porte avec lui ſous
ce titre des demonſtrations convainquantes;
je me plaignis de ce procedé, aux Perſonnes de connoiſſance que j'avois en l'Academie, leſquelles convaincuës de la juſteſſe
& de la validité de ma propoſition, en
parlerent à la plus prochaine Aſſemblée,
& toute la ſatisfaction que j'en eus, c'eſt
qu'elles m'aſſurerent que chacun s'en étoit
deffendu, en diſant que ce nétoit pas lui;
je me trouvai donc de nouveau embarqué
contre l'Academie, & obligé pour l'honneur & le ſoutien de ma découverte, de
faire voir publiquement à ce ſujet, le peu
de ſolidité de ſes operations les plus importantes, & qui auprès des Gens qui ne
ſont point au fait de ces ſortes de matie-

res , sont le plus grand merite de la Societé,
il n'est besoin pour en démontrer le dé-
fectueux , que d'exposer aux yeux du Public lesdites operations, avec les reflexions
produites en consequence , & c'est ce que
j'aurois déja fait , si des interêts de famille
ne m'eussent jettés dans un procès, qu'un
homme qui doit être convaincu par une
longue & triste experience , qu'il n'a point
les talens necessaires pour s'aquerir les graces & les faveurs de la Cour, ne peut point
négliger après avoir sacrifié toutes ses occupations , sa jeunesse, & son bien à l'utilité publique , sans en avoir jamais tiré
aucun avantage.

Si tôt que mes affaires me le permet-
tront , je verrai sur cela le parti qu'il me
conviendra de prendre , quant à present
je me contenterai de répondre, que ma
proposition à cela d'avantageux, qu'elle
n'est point assujettie aux erreurs des hor-
loges & instrumens , qu'elle ne craint ni
les refractions ni la paralaxe, qu'elle est
d'une simplicité si grande qu'il n'y a personne qui ne soit en état d'en faire usage, qu'on peut en faire l'operation au
moins quinze fois chaque mois, qu'en
24. heures on peut operer sur toutes les
parties de la terre , & en connoître les
veritables situations reciproques ; qu'on ne
peut

peut naviguer furement qu'au moyen de Cartes exactes & fideles, qu'on ne fauroit dreffer avec la juftesse & la precifion requife ces Cartes, qui font la baze & le fondement de la navigation, fans connoitre parfaitement la ligne de direction qui conduit d'un lieu à un autre, qu'en fuppofant que les moyens dont on s'eft fervi jufqu'à prefent puffent être juftes; en un million d'années on n'en viendroit point abouts au lieu que par ma propofition on eft en état d'en faire en vingt-quatre heures la reconnoiffance fur toutes les parties du globe terreftre, & qu'on a au moins quinze jours chaque mois pour verifier fon operation & la corriger en cas qu'on fe foit trompé, qu'enfin s'il y a quelque chofe de conftant dans l'Aftronomie, c'eft certainement la baze fur laquelle cette decouverte eft établie comme on peut le reconnoitre par l'imprimé qui en a été rendu public, d'où fuit qu'en reconnoiffant que cette découverte eft bonne pour les longitudes fur terre, comme Mrs de l'Accademie en conviennent, avec tous les attributs & facilités marqués cy-deffus, on ne peut contefter qu'elle ne foit infiniment utile pour la navigation, ne pouvant faire aucune operation valide fur mer, fans la rapporter fur les Cartes marines, & comme

il faudroit que ces Cartes fuſſent juſtes, &
qu'elles ſont fort éloignées de l'être, il
arriveroit que ſi par quelques moyens particuliers on parvenoit à trouver avec toute la facilité & la préciſion qu'il ſoit poſſible de ſouhaiter les longitudes ſur mer,
plus les operations en ſeroient juſtes & pré-
ciſes, & plus on coureroit riſque de tomber dans l'erreur, en les rapportant ſur
une Carte deffectueuſe, il eſt donc de la
derniere neceſſité ſi on veut faire un uſage
utile des moyens ſimples & faciles qu'on
pourra peut-être découvrir dans les ſui-
tes pour trouver les longitudes ſur mer,
d'être préalablement aſſurez de la juſteſſe
des Cartes marines qu'on ne peut nier qui
ne ſoit totalement deffectueuſes, & d'autant que pour dreſſer ces Cartes exactement
il n'a point encore paru de moyens plus
prompts, plus aiſés & plus ſurs que celui
que j'ai donné, il s'enſuit donc que ma découverte doit être infiniment plus utile &
plus avantageuſe ſur mer, puiſqu'elle aſ-
ſure par-là la navigation que ſur terre, ou
la connoiſſance réciproque des parties ne
fait que contenter la curioſité quant elle
n'a pour but la navigation ayant plus
beſoin ſur mer de Cartes fidelles que des
moyens d'y découvrir les longitudes, dont
ſouvent on n'auroit pas une occaſion fa-

vorable d'ufer dans tout un voyage de long cours, au lieu qu'avec des Cartes juftes & précifes, un Pilotte exact pourroit fe paffer de toutes ces operations, & feroit toûjours affuré de fa route ; d'ailleurs il eft certain qu'on en peut faire ufage fur mer, auffi facilement que d'aucun autre moyen qui ait encore paru, comme il eft demontré par les exemples, & par la table qui en a été exprès calculée.

A l'égard de ce que dit l'Examinateur, que cette découverte fut propofée en 1669. & réjettée, il fera aifé à ceux qui voudront prendre la peine de jetter les yeux fur le premier volume de l'Hiftoire de l'Academie page 113. de reconnoître qu'il n'y a pas moins de difference entre ma propofition, & celle qui fut rejettée en 1669. qu'il y en a entre le bon & le mauvais, le vrai ou le faux, ou bien entre le jour & la nuit, mais on ne doit pas être furpris de ce difcour n'y des demarches de Meffieurs de l'Academie, ce ne font pas eux qui l'ont donné, il n'en faut pas d'avantage pour les engager à la détruire.

Quant aux récompenfes que l'Examinateur apprehende qu'on ne me délivre, & fur lefqueles il paroît faire oppofition, je crois à parler naturellement, & dans la fincerité de mon caractere, les meriter autant que qui que ce foit , cependant j'a-voücrai que je n'ai jamais penſé que tous les millions promis à ce ſujet ayent pû engager ſerieuſement aucune perſonne de bon ſens à travailler pour les aquerir, car ſuppoſant qu'on put donner une propoſi-tion ſi conſtante & ſi bien établie , qu'elle ne put ſouffrir la moindre objection , il eſt certain qu'avant de l'avoir examinée, & fait en conſequence toutes les operations qu'on ſuppoſeroit être néceſſaires pour en être convaincus , le Propoſant ſeroit mort & toute ſa poſterité , & on ne trouveroit plus perſonne en droit de les repeter. Mais ſi au lieu de cinq à ſix millions qui eſt le prix de cette découverte , toutes les Puiſſances de l'Europe jointes enſemble euſſent ſeulement ſacrifiez dix à douze mil francs toutes les années , pour en gratifier celui qui a cette occaſion auroit donné la propoſition la moins ridicule , lui en laiſ-ſant la joüiſſance juſqu'à ce qu'un autre eut procuré une idée plus raiſonnable, & ainſi ſucceſſivement ; cette récompenſe réelle & effective de dix à douze mil francs chaque année , quoi quelle ne ſoit pas la cinq-cen-tiéme partie de ce qui a été promis, fe-roit mille fois plus d'effet que toutes ces vagues idées de millions , de ſorte qu'en peu d'annécs, ſi on n'avoit pas eu préci-

ſement ce qu'on cherché , on auroit du-
moins aquis ſur cela des connoiſſances
utiles, & c'eſt uniquement ce dont on a
beſoin , en appellant à l'examen des nouvelles propoſitions, ceux qui auroient précedamment emportez les prix , pour def-
fendre leurs droits ou reconnoître par eux
mêmes que ce que l'on propoſe eſt plus
digne de la récompenſe dont ils ont joüi ,
& dont il peuvent joüir encore par la ſuite ,
s'ils parvienent à donner quelque choſe de
mieux , alors il n'y auroit point de ſavans
qui ne ſe fît , un honneur & un devoir
d'y concourir de toutes ſes lumieres , &
cela feroit faire en dix ans plus de progrès
dans l'Aſtronomie , (que j'eſtime être le
principal mobile de cette découverte) que
toutes les penſions conſiderables que l'on
employe chaque année en faveur de ceux
qui ſont chargez d'y travailler , n'en feront
en cent ans.

Ce ne ſont donc pas ces récompenſes
vagues & imaginaires, que l'Examinateur
de l'Academie craint que je n'obtienne,
qui m'ont portés à donner cette découverte au Public , mais uniquement le plai-
ſir d'être utile & de faire honneur à ma
patrie, & de tout cela qu'en eſt-il arrivé
bien des depenſes , des demarches , des
ſoins, des ſollicitations , des veilles , de

l'embarras, peu de gloire, point de récompenses & beaucoup d'ennemis?

Passons à quelque chose de plus mate-
riel, après plusieurs années de recherches
& de reflexions, je proposai en 1718. un
Canal en Bourgogne, pour faciliter le commerce des deux mers & de toutes les parties du Royaume, que depuis j'ai suivi
pendant six ans sous les ordres de S. A. S.
Monseigneur le Duc, avec le consente-
ment des Elus Généraux, & l'approbation
des Ingenieurs de la Province, * ayant
fait de très-grandes depenses à cette occasion, neanmoins le Sr. Gabriel qu'on fit
venir exprès aux Etats de 1724. pour examiner ce Projet, trouva à propos d'en
changer la principale partie; de sorte que
sur le pretexte d'un point de partage plus
favorable, il fut cause que les Etats m'ô-
terent l'execution de cette Entreprise, pour
la donner à des Ingenieurs qui n'avoient aucun droit ni interêt en cette affaire, en
les chargeant à mon préjudice, & sans m'a-
voir aucunement dédommagé d'en faire
les Plans, Devis & Nivellemens, qu'après
trois années de travail consecutif, ils pré-
senterent à l'Assemblée des Etats de 1727.
où l'on fit venir derechef le susdit Sr. Ga-

____

J'en ay encore en main les Attestations, Procès-
verbaux & Certificats, qui en ont été dressez.

briel pour verifier leurs operations, fur lefquelles il dreffa un procès-verbal, accom-
pagné d'un Devis qu'il fit imprimer à Di-
jon, 42 pages *infolio*, & en confequence il
fut conclu par l'unanime confentement des
Etats, que pour l'execution de cette Entreprife, les Elus demanderoient au voyage
d'honneur des Lettres patentes au nom de
la Province, à qui on prétend que cette
demarche a coûté plus de deux cent mil
francs.

Les nouvelles publiques ayant fait mention de ce refultat, j'appris en Angleter-
re où je m'étois retiré, qu'on étoit à la
veille d'executer ce Projet, ce qui m'engagea à revenir en France, où ayant récou-
vert un de ces Devis imprimé, il ne me fut
pas difficile d'y repondre, & de faire voir
qu'il n'y avoit pas un feul article qui ne fut
deffectueux, & même de prouver qu'il y
en avoit un entre autres, où il y avoit un
erreur de cinq millions, que d'ailleurs ce
Projet de la maniere dont il étoit dirigé
couteroit au moins trente millions, qu'on
y travailleroit plus de douze ans avant d'en
pouvoit tirer de l'utilité, qu'il n'étoit pas
fûr qu'on en vint jamais about, & que
fuppofant qu'on parvint à l'executer, il ne
feroit pas poffible de le foutenir après fon
execution, & c'eft ce qui fut folidement

établi dans le Factum que j'eus l'honneur
d'en préfenter au Roy , & que j'appuyai
de preuves fi claires & fi convainquantes,
que qui que ce foit n'a ofé y répondre ;
mais comme je m'étendois particuliere-
ment fur les manœuvres qui s'étoient faites avant & pendant la durée des Etats de
1724. pour faire condamner mon Projet
& m'en ôter l'execution , Meffieurs les
Elus en demanderent par honneur la fu-
preffion , & à force de follicitations ils ob-
tinrent une lettre de cachet , en vertu de
laquelle il y eut trois ou quatre cent exemplaires enlevés ce qui n'ayant fait qu'aug-
menter la curiofité du Public , il fallut
pour le fatisfaire donner un fecond ouvrage plus vif & plus détaillé qui fit abandonner à Meffieurs les Elus totalement ce Projet , & fut caufe qu'un Particulier ap-
puyé d'un puiffant credit , voyant que
Meffieurs les Elus n'avoient pas jugez à
propos de demander pendant le voyage
d'honneur des Lettres patentes , comme ils
en avoient été chargez l'année préceden-
te par les Etats Généraux de la Province ,
follicita ces Lettres & les obtint , en confideration d'une Compagnie qu'il prefenta
pour faire les fonds de cette Entreprife.
Mais cette compagnie ne fubfifta qu'autant
de tems que je fus à rendre publics des
Mémoires,

Mémoires, qui faisoient clairement voir le ridicule de cette proposition, ce qui engagea l'Obtenteur des Lettres patentes à chercher en Suisse à former une nouvelle Compagnie, à qui j'envoyai de semblables Mémoires, qui firent aussi de semblables effets & personne n'ayant voulu depuis s'interesser en cette affaire, je pris la liberté de proposer à S. M. qu'il me fut permis de démontrer, que conformément à mon Projet j'étois en état de faciliter le commerce de deux mers & de toutes les parties du Royaume pour cinq millions, & cela de telle maniere que le transport des marchandises de Paris pour Lyon, & réciproquement se put faire dès la seconde année en douze jours, & moyenant trois livres du quintal, assurant que si les Mémoires qui avoient publiquement parus sur la qualité & quantité du commerce qui se fait de Paris avec Lyon étoient justes, les interessez en retireroient chaque année un révenu plus fort que les fonds qu'ils y auroient mis, offrant de remettre mes Plans Devis & Memoires à tels Examinateurs qu'il plairoit à S. M. de commettre à cet effet sous promesse de m'accorder des Lettres patentes pour en faire l'execution au cas qu'ils fussent approuvez : ajoûtant même que par réconnoissance j'indiquerois

D

volontiers les moyens particuliers que mon
application sur ces sortes de matieres depuis plus de vingt ans m'avoit procuré,
pour rendre les Riviéres naviguables, &
faire des canaux par tout où il seroit possible, aux deux tiers moins de la dépense
qu'on à coûtume de faire en pareil cas,
dans un tems incomparablement plus court,
& d'une maniere toûjours favorable à ceux
qui en feroient les frais.

Cette avantageuse proposition par le
crédit des Gens que je n'avois point me-
nagez dans mes memoires, ne fut point
agréé, néanmoins il en resulta que les
Interessez au Projet d'un Canal de Paris
à saint Denis, où avoient travaillé nombre d'Ingenieurs, & notamment le sieur
Gabriel qui en avoit donné un Devis, actuellement en dépôt au Bureau de la grande Police, me firent prier de vouloir bien
examiner ce qui avoit été fait, & s'étant
assemblez chez Desplaces leur Notaire,
ils me remirent tous les Plans, Devis
Nivellemens & Memoires, qui à ce sujet
avoient été formez pendant huit années
avec des depenses considerables; comme
il ne s'est guerre proposé d'ouvrages en
ce genre travaillez avec moins de soins
& d'attentions, je n'eus pas de peine à
en faire voir les deffauts à Mrs. les Inte-

reſſez, ~~qui~~ en étant convaincus, prirent
le parti de me propoſer la Direction ge-
nérale de cette affaire, en m'engageant à
l'accepter ſousdes conditions infiniment avã-
tageuſes, qui furent paſſées chez leur ſuſd.
Notaire, après avoir porté M. le Maré-
chal Duc de Chaulnes, Protecteur de cette Entrepriſe à y donner ſon conſentement;
* & ce Projet ayant été refondu par deux
années de travail, en conſéquence de mes
Nivellemens, auroit eu infailliblement ſon
execution, ſi le Conſeil eut voulu en accorder les Lettres patentes, mais eu égard
aux oppoſitions de S. A. S. Madame
la Princeſſe de Conty, qui prétendoit que cette Entrepriſe faiſant partie du
Canal qui avoit été précedement propoſé
de l'Iſle Adam à Paris par feu S. A. S.
Monſeigneur le Prince de Conty, la
préferance lui en devoit être accordée; la
Cour ne jugea pas à propos de les délivrer.

Peu de tems après je fus chargé d'aller
viſiter la Riviere d'Eure, que les travaux

---

* Il me fût donnée la Direction generale de cette
Entrepriſe, avec douze mil francs d'apointemens pendant le cours des travaux, ſix mil livres ma vie durant pour l'inſpection d'iceux après que l'ouvrage
feroit achevé, une place de Directeur en faiſant mes
fonds ſix mois après les autres, & deux ſols pour
liv. de l'épargne que je pourrois faire ſur les ſept
millons cinq cens mil livres, auſquels les moindres
Devis avoient fait monter l'execution de cet ouvrage

de Maintenon ont renduë si fameuse, &
d'examiner les causes qui ont interrompu
l'ancienne navigation qui se faisoit sur cette
Riviere, depuis le Pont de l'Arche jusqu'à
Chartres, où les plus gros Bateaux de la
Seine montciént autre fois: Par le Procès-
verbal que j'en dressai, je fit connoître les
deffauts qui avoient fait abandonner cette
navigation, & je donnai le moyen de les
corriger, en rendant cette Riviere plus
traitable, qu'aucune artificiellement navigable qu'il y ait dans le Royaume; le
Plan que j'en donnai auroit eu son execution si la Personne qui proposoit d'en faire
les frais, ne fut venu à mourir à la veille
d'obtenir les Lettres patentes qu'il solli-
citoit.

Depuis partie de Mrs. les Interessez au
Canal de Picardie, à qui j'avois fait faire
quelques remarques particulieres sur la
communication achevée de l'Oyse à la Som-
me, goûterent tellement la proposition
que je leur fis de former en deux ans pour
douze cens mil livres la navigation de Saint
Simon à Pequigny, que me sachant sur
mon départ pour la Province, ils m'enga-
gerent à demeurer quelques jours à Paris
pour voir si on ne pourroit pas prendre
ensemble quelques arrangemens, & il est
constant que cette Entreprise seroit au-

jourd'hui fort avancée , s'ils avoient pû obtenir à cet effet le remboursement des neuf cens mil tant de livres du Canal de Provence , que le Roy reste à payer du fonds dudit Canal dont il s'est emparé , avec promesse de les employer à l'execution du Canal de Picardie , j'ose dire même , que j'aurois bien trouvé le moyen d'aquitter Sa Majesté envers lad. Compagnie, sans qu'il lui eut fallu faire pour cela beaucoup de deboursez.

Mais ennuyé de consommer ainsi mes années en vaines esperances , & reconnoissant que le tems n'étoit pas favorable pour executer aucune de toutes ces diverses propositions , quelques avantageuses qu'elles fussent , je pris le parti de me retirer dans une solitude gratieuse , que le hazard d'une succession ma procuré dans la Limagne d'Auvergne , pour y vivre en Philosophe & y réflechir sur une suite continuelle de malheurs , qui m'ont enlevé ma fortune , & ont consommé ma jeunesse & mon bien , en veilles & travaux infructeux , avec protestation de ne me mêler jamais plus qu'à bonnes enseignes de quoi que ce soit; néanmoins quelques affaires m'ayant appellez à Moulins , qui est dans mon voisinage , je n'y pus pas voir les débris des deux anciens Pons de Pierre,

sans me rappeller malgré moi les idées que
j'avois eu sur un Pont de Bateau en cette
Ville, & après en avoir formé un nouveau
Plan sur les lieux, j'eus l'honneur d'en parler
à Monsieur Berthier de Souvigny pour lors
Intendant du Bourbonnois, comme il a infiniment d'esprit & une pénétration des plus
étenduë; il me fit sur ce Projet les objections les plus judicieuses; mais convaincu
par mes reponses de la justesse & de l'utilité de ma proposition, il s'abandonna totalement au penchant qui l'a porté pendant
le cours de son Intendance à combler la
Province de tout le bien qui a été en son
pouvoir, & charmé de trouver encore
avant de la quitter, cette occasion de lui
rendre un service aussi important; il m'engagea à mettre ce Projet en état d'être
presenté en Cour, avec promesse de l'appuyer de tout son crédit; c'est aussi ce qu'il
a fait de la maniere du monde la plus em-
pressée, & dont la Ville de Moulins, le
Bourbonnois, & toutes les Provinces limitrophes doivent lui sçavoir gré à jamais;
On verra par la Description ci-jointe dudit
Projet, & par la reponse aux Objections du
Sr. Gabriel, qui en ont suspendu jusqu'à
present l'execution, s'il étoit fondé dans ses
empressemens, & s'il connoissoit réellement
l'objet pour lequel il s'interessoit.

PROPOSITION

D'UN PONT DE BATEAU

sur la Riviere d'Allier à Moulins, telle qu'elle fut presentée le mois de Janvier dernier à Monseigneur le Controlleur Général.

LA Riviere d'Allier quinze à vingt toises au deſſous de l'ancien Pont de Moulins, a ſoixante-douze toiſes de largeur, & c'eſt là où il ſeroit à propos détablir un Pont de Bateau, procurant un paſſage de dix-huit pieds entre les lices ou gardes foux ; pour l'effet de quoi il faudroit employer des Bateaux de Chêne plats, couſtruits quarrément & ſolidement.

Leſdits Bateaux ſeroient retenus & amarez aux fondations des Piles de l'ancien Pont de la maniere qu'il ſera dit ci-après, à l'exception des deux Bateaux les plus proches du Quay de la Ville, ſur leſquels ſeroient établis les Ponts-levis pour le paſſage des Bateaux montans & avalans dont l'amarage ſe feroit par des anneaux de fer qui embraſſeroient les pieux enfoncez le long de l'avant & à l'arriere becq deſdits Bateaux, moyenant quoi ils pourroient aiſement monter & deſcendre ſans

s'écarter de la perpendiculaire & sans déranger les distances déterminées pour le
jeu des Ponts levis. Les Ponts-levis auront
chacun neuf pieds d'ouverture, & les deux
joints ensemble donneroient un passage de
dix-huit pieds entre les lices ou gardes
foux, il n'y a point des Bateaux venant du
haut de l'Allier qui en ait quatorze.

La longueur des trauées du Pont sera
proportionnée à la longueur & grosseur des
bois dont on aura la commodité de se servir, ensorte que si on trouve des poutres
qui puissent porter la longueur de cinquante
pieds, on fera les trauées de six toises,
si elles n'ont que trente-six à quarante pieds,
on ne leur donnera que quatre toises, en
les disposant de maniere que ces poutres
se trouvent toûjours sous la partie du Pont
où passeront les voitures, étant recouver-
tes de Dosses de quatre à six pouces d'é-
paisseur, & de dix-huit pieds de longueur
avec des pieces de Pont de distances en
distances, où seront établis les poteaux
pour le soutien des lices ou gardes foux.

Ledit Pont couperoit quarrément la Riviere, & seroit retenu en cet état par des tirans
qui lieroient les Bateaux avec les piles de
l'ancien Pont, ce qui seroit infiniment
plus ferme & plus assuré que les Ponts de
Mayence & de Roüen, dont les Bateaux
de

de l'un ne font retenus que par des ancres, & les Bateaux de l'autre par des Pieux entre lefquels ils font renfermez : Or il eft conftant que ces ancres & ces Pieux ne peuvent jamais avoir la refiftance qu'auroient des tirans de fer ou de bois attachez aux fondations des Piles d'un Pont de pierre, & c'eft un avantage qui eft feul déterminatif en cette occafion, parce que fans cela il ne faudroit pas fonger à l'établiffement d'un Pont femblable fur la Riviere d'Allier, dont le fonds n'eft qu'un fable mouvant, où les ancres laboureroient fans peine, & où les pieux du milieu de la Riviere feroient bient-tôt entraînez par fa rapidité.

Pour former la liaifon des Bateaux avec les Piles de l'ancien Pont, on pourroit fe fervir d'ancres ou de liens de fer ; mais il me paroitroit plus convenable de percer le milieu de la fondation de chaque Pile d'une ouverture de deux pieds ou de deux pieds & demi, & de fept à huit pieds de profondeur, pour y mettre un arbre arrondi de dix-huit à vingt pouces de diamettre, excedant de trois à quatre pieds, l'arrazement de la Pile, dont il feroit très-utile & très à propos d'enlever les pierres & batilfes jufqu'au niveau des plus baffes eaux.

E

A la partie excedant dudit Pieu bien
scellé dans les fondations reftantes de la
Pile , on pafferoit des anneaux de fer qui
feroient attachez par des crampons aux tirans de bois qui retiendroient les Bateaux,
à moins qu'on ne voulut fe fervir de cables
ou de chaînes de fer ; quant à moi je pré-
fererois des tirans de bois formez par des
Galiveaux de chêne d'un feul brin de cinq
à fix pouces de diametre , & de cinq à fix
toifes de longueur , attachez avec des crampons à labout les uns des autres ; ils cou-
teroient bien moins que des chaînes de fer,
& dureroient beaucoup plus que des cables,
de quelque groffeur qu'ils fuffent & de quelque maniere qu'on les gaudronnat.

J'ai vû en Hollande des amares de pareille efpece dont on faifoit beaucoup de
cas pour la durée , la raifon eft que le
chêne ne pourit jamais dans l'eau , & que
comme il n'y a rien de fi fort qu'un bois
de bout , de même il n'y a rien plus ca-
papable de refifter à toutes fortes d'efforts ,
qu'une piece de bois tirée dans fa longueur,
n'y ayant point des puiffances capables d'en
divifer les parties , ainfi on ne doit rien
craindre de cette part ; il n'eft queftion
que de les bien lier les uns avec les autres,
& cela fe peut faire très-aifement, d'ailleurs c'eft que quoi qu'un feul tiran fut fuf-

fifant pour retenir chaque Bateau; on pouroit fort bien entre mettre deux, qui aboutiroient chacun à un pieu different, & qui s'attacheroient l'un d'un côté & l'autre de l'autre à la naiſſance des avans becs, afin que ſi par accident quelqu'un de ces tirans venoit à manquer, le Bateau peut être retenu par celui qui reſteroit, & donner le tems de le reparer ſans aucunement déranger le Pont.

Qu'on examine foncièment cette propoſition, on avoüera que c'eſt la ſeule qui puiſſe convenir à la diſpoſition de la Riviere d'Allier à Moulins, non ſeulement pour faciliter le commerce de de-là l'eau avec cette Ville, mais auſſi pour procurer ſans interruption un paſſage reciproque, cômode & aſſuré à toutes les Provinces que l'Allier ſépare, où les Gens de pied & de cheval, ainſi que les voitures les plus peſantes pouroient paſſer à toute heure, & en tous tems, ſans être obligés d'attendre & ſans courir aucuns riſques ni dangers comme il arrive ſouvent aujourd'hui, ſoit par la rupture des cables, ſoit par la quantité de monde & de voitures, qui veulent indiſcretement paſſer à la fois, tant pour éviter d'attendre des heures entieres inutilement, que pour être ennuyez d'avoir trop longtems attendu, ce qui rend le

commerce de Moulins difficile, incom-
mode, defagréable & infructueux.

Il eft donc conftant que pour l'apport
de cette Ville, & pour l'avantage du commerce des Provinces que la Riviere d'Allier fépare : il faudroit un Pont à Moulins,
mais fi on vouloit y établir un Pont de
pierre, ce feroit encore s'expofer de nouveau à des depenfes exceffives, pour l'execution d'un ouvrage fur lequel il ne feroit
pas fage de compter, parcequ'il n'eft pas
poffible de fonder fûrement dans l'Allier,
fon fonds n'étant que fables ou terres mou-
vantes qui n'ont point de folidité.

Nous en avons veu la funefte experience
fur le dernier Pont qu'on y a voulu établir,
& qui n'a pû s'y foutenir plus d'un jour,
malgré les foins & les depenfes immenfes
qu'il en avoit coûté pour tâcher de le rendre folide ; auffi y a-t'il eu beaucoup de
Gens de bons fens qui ont été furpris qu'on
eut ofé feulement en tenter l'execution,
par ce qu'il fembloit que pour ne pas ha-
zarder, il fuffifoit de fe reprefenter que
de tous les Ponts qui ont été conftruits fur
cette Riviere ; il n'y a pas eu un feul
qui ait pû y refifter ; & c'eft fur ces reflexions, que j'imaginai un Pont à Moulins,
dont j'eus l'honneur de faire il y a deux
ans la propofition à M. le Duc de la Val-

liere , Gouverneur de la Province , qui la trouva fort de son goût ; mais comme il étoit alors malade , il m'engagea à attendre le retablissement de sa santé , pour pouvoir faire conjointement avec moi les demarches necessaires , & dans cet intervale il en fit écrire à une personne de confiance qu'il avoit en cette Ville. *

Sa mort survenuë quelque tems après a suspenduë toutes mes poursuites , sans détruire mes idées , que de nouveaux examens des lieux & de la qualité de la Riviere n'ont fait que fortifier d'avantage.

C'est donc sur ces considerations , & en connoissance parfaite de causes , que j'ai formé l'idée du Pont que j'ay l'honneur de proposer , & qu'après de mures reflexions j'ose dire être le seul qu'on puisse etablir sûrement , promptement & à meilleur compte; l'exemple de pareils ouvrages executez avec avantage en sont de sûrs guarants ; car le Pont de Mayence établi sur le Rhein n'est qu'un Pont de Bateaux , sur lesquels sont appuyez les poutres qui soutiennent les madiers où passent les voitures les plus chargées , & par où se fait le plus grand commerce de toute l'Allemagne.

* Monsieur Despallieres , pour lors Maire de la Ville de Moulins , Conseiller & Procureur du Roi du Bureau des Finances de cette Generalité.

Le Rhein eſt incomparablement plus rapide que l'Allier, & infiniment plus à craindre dans les fontes de neiges, & dans les debordemens, néanmoins ces Bateaux ne ſont amarez qu'avec des ancres & des cables qui reſiſtent depuis des tems infinis à la rapidité de cette Riviere; il eſt vrai que lorſqu'il arrive des debacles de glaces ou des debordemens, on a l'uſage & la precaution de mettre à couvert le Pont le long des Quays, ce qui ſe fait en un inſtant, & on a la commodité de le retablir auſſi promptement, ſi tôt après les glaces ou l'évacuation des grandes eaux.

Roüen qui eſt une des plus commercentes Villes du Royaume n'a qu'un Pont de Bateau, à-peu-près ſemblable à celui de Mayence, ſi ce n'eſt que les Bateaux y ſont renfermez entre des pieux le long deſquels ils coulent dans les hautes & baſſes marées qui y arrivent quatre fois tous les jours, & ce Pont n'eſt pas nouveau, il ſubſiſte depuis longtems malgré les ravages que les débordemens de la Seine ont cauſez en pluſieurs differentes années, principalement ſur la fin de l'année derniere que les debordemens de la Seine ont été exceſſifs. *

---

* *Nota.* Que ce Pont a reſiſté à l'effort de l'innondation de 1740. qui fit monter dans les fêtes de Noël les Bateaux juſqu'au plus haut des Pieux qu'il falut de-

Or il est constant que le Pieux qui doivent retenir & arrêter les Bateaux du Pont que je propose, étant enfoncez de huit pieds dans le centre des fondations des anciennes Piles arrasées au niveau des plus basses eaux, formeroient une attache infiniment plus solide & plus sûre que les ancres qui soutienent le Pont de Mayence sur la Riviere du Rhein, où les pieux qui renferment les Bateaux du Pont de Roüen sur la Seine, & comme ils auroient dix-huit pouces de diamettre, huit pieds d'enfoncement & seulement trois à quatre pieds au-dessus des fondations ; il n'est pas douteux qu'ils n'eussent toute la force necessaire pour resister à un effort infiniment plus violent.

Il faut de plus observer qu'à l'exception des Bateaux dont la construction exigeroit des bois de regles & de choix, à cause des liaisons, tenons & mortoises, tous les autres pourroient être employez engrumme, c'est-à-dire, sur l'heure même qu'ils auroient été coupez, ce qui donneroit la facilité de faire en trois mois un Pont, qu'on ne pourroit qu'à peine faire autrement en trois ans.

chaproner, & ce ne fut qu'un mois après, qu'une montagne de glace venu fondre sur lui le renversa. On prétend que le Pont de pierre le plus fermément établi n'auroit pas peu y resister.

Par tout ce qui a été réprésenté ci-
dessus, on peut conjecturer que ma proposition n'est point fondée sur des idées
en l'air, & qui n'ont que des apparences
séduisantes ; mais bien sur des faits réels,
effectifs, & qui existent actuellement &
utilement depuis longues années, sur des
Rivieres qui par leur largeur & leur rapidité n'en cedent rient à l'Allier, & à l'utilité de Villes considerables avec lesquelles
la Ville de Moulins, sans lui faire tort est
bien éloignée d'entrer en comparaison,
néanmoins pour l'établissement d'un pareil
Pont, la Ville de Moulins a des avantages
que Roüen & Mayence n'ont point ; on
pouroit dire la même chose du Pont de
Bateau qui fait la communication sur le
Rhône de Tarascon avec Beaucaire, &
pareillement du Pont d'Anvers sur l'Escaut,
& si on fait d'ailleurs attention à la deffe-
ctuosité de la Riviere d'Allier & à la disposition du lieu, on trouvera que j'ai raison
de dire que c'est constamment le seul Pont
qu'on y puisse établir sûrement & avanta-
geusement ; le fond de la Riviere n'étant
qu'un sabe leger qui ne peut donner
d'assiette assez ferme pour soutenir le massif d'un Pont de pierre, & sa rapidité dans
les innondations étant trop grande en cette partie étroite & resserrée pour que les
Pallées

Pallées d'un Pont de bois prises en levier,
puiſſent longtemps y reſiſter.

Nota. Que depuis la chûte du magni-
fique Pont de pierre qui tomba le huit
Octobre 1710. le jour d'après qu'il fut
achevé , quoiqu'il eut coûté plus d'un
million, la Cour convaincuë de l'utilité & de la neceſſité d'un Pont en cette
Ville ne laiſſa pas d'envoyer encore di-
verſes Perſonnes ſur les lieux pour voir
ſi on ne pouroit pas trouver le moyen
d'en conſtruire un nouveau ſolidement :
Leurs avis ayant été differens , un Ingenieur qui paſſe pour avoir toute la capacité poſſible en ces ſortes de matieres,
fut chargé deux fois de ſuite de cette
commiſſion , & après avoir examiné la
qualité de la Riviere , & la diſpoſition
du lieu , il en ſonda le fonds , où il
trouva au deſſous de trente-deux pieds de
ſable , une terre glaize dont il ne put
connoître l'épaiſſeur parcequ'il n'avoit pas
de ſondes aſſez longues , mais il en vit
aſſez pour déterminer comme on ma aſſuré qu'il étoit porté dans les Mémoires
de la Ville , qu'on ne parviendroit jamais
à faire en ce lieu de Ponts de pierre ſoli-
des quelques depenſes que l'on y fît ; l'ancien Pont qui n'a pas duré dix ans , & le
Pont dernier qui n'a duré qu'un ſeul jour,

F

authorisoient valablement l'un & l'autre cette décision ; c'est pourquoi il se retourna du côté d'un Pont de bois ; sous condition toutes fois qu'on lui procureroit des pilots de 50. à 60. pieds de longueur, déclarant que ce Pont couteroit six cens mil livres ; mais quoi qu'on ait trouvé dans une des Forêts du Roy voisines de Moulins, des bois de la grosseur & longueur exiges, on n'a pas encore osé entreprendre cet ouvrage, par la crainte apparente de n'en pas tirer plus d'avantage que du Pont de bois qui a subsisté quelque tems avant la construction des deux Ponts de pierres qui lui ont succedés, & duquel à ce qu'on assure il n'arrivoit jamais d'innondation qu'elle n'entraîna quelque pallée, jusqu'à ce qu'enfin il en vint une qui emporta le Pont tout entier ; & c'est à quoi l'on devoit s'attendre suivant tous les principes de Phisique, d'Hydraulique & de Mecanique, vû qu'il y a peu de Gens d'un certain âge dans Moulins qui n'affirment que dans leur jeunesse ils ont vûs 25. à 30. pieds d'eau dans l'endroit des Ponts où il y a actuellement 30. à 40. pieds de sable, qui est si leger & si peu compact que par experience il y a quelques années qu'on enfonça un pieu qui fut battu pendant deux jours de

suite au refus du mouton , néanmoins
seul & sans aucune charge il n'a pas pu
s'y soutenir , puisque suivant le bruit public la premiere innondation considerable
survint l'enleva comme s'il n'avoit été
attaché à quoi que ce soit.

Outre les considerations que j'ai repre-
senté ci-dessus, il en est encore une qui
merite bien qu'on y ait égard, c'est que
la Riviere étant fort resserrée à Moulins ,
elle doit pendant les grosses eaux y être
naturellement beaucoup plus rapide qu'-
ailleurs , c'est pourquoi on ne peut construire aucun ouvrage en cette partie sans
la resserer d'avantage , & la rendre par
consequent plus violente & plus rapide,
& cela proportionellement à la quantité
dont-elle seroit rétroisie, ce qui a toûjours
été une des principales causes des accidens qui sont arrivez.

Je dis donc que pour se convaincre des
avantages du Pont que je propose sur
tous autres qu'on voudroit établir à Moulins , il suffit de comparer la résistance
que doivent faire les uns & les autres
au courant de l'eau , & les occasions
plus ou moins fréquentes des innondations resultantes qui causent toûjours des
domages considerables dans le Fauxbourg
de la Magdeleine , le basse ville , & le
chambon.

A cet effet prenons pour exemple le dernier Pont qui a été construit avec tant de soins & de circonspections, il n'avoit que deux Piles, & il n'est pas possible d'en mettre moins; comme la Riviere à 72. toises de largeur, & 21. a 22. pieds de hauteur dans ses plus fortes innondations, s'il n'y avoit point eu de Pont elle auroit eu un passage libre de 264. toises, mais les deux piles jointes aux saillies des deux cullées occupans la largeur d'environ dix-huit toises, diminuoient par consequent la Riviere d'un quart, & de même en arrivera-il si on fait le paralelle sur l'ancien Pont, pendant qu'un Pont de batteau ne la rétroisissant que d'un vingt-cinquiéme, la rendroit moins sujette à des innondations, & les accidens qui en arrivent ne seroient pas si frequens, independamment du peu de solidité du fonds de la Riviere, qui forme un obstacle insurmontable à l'établissement des Ponts de bois ou de pierres, & qui ne pourroit faire aucun empêchement à celui que je propose, outre que l'eau qui coule avec rapidité étant arrêtée par la rencontre des bateaux, ne peut qu'elle ne s'eleve & soulevant en même-tems les bateaux qui s'opposent à son cour, une partie

de l'eau rétenuée doit s'échapper par deſ
ſous, ou ne trouvant que du ſable, il
ne lui eſt pas difficile de l'enlever & d'a-
grandir ſon paſſage parce qu'elle doit y
être plus reſſerrée qu'ailleurs, & par
conſequent y faire plus d'efforts, enſorte
qu'un pareil Pont ne peut pas occaſion-
ner de difference fort ſenſible, ſur l'état
où ſeroit cette Riviere ſans cette oppoſi-
ſition, vû d'ailleurs que leſdits bateaux
ſe prêtent & obeïſſent à la rapidité du
courant, ce qui n'eſt pas ainſi des arches d'un Pont de pierre entre leſquelles la Riviere eſt obligée de paſſer toute, & ne pouvant s'écarter à droite ou
à gauche ni paſſer par deſſous, ce ré-
troiſiſſement doit la rendre proportion-
nellement plus rapide & plus violente,
& expoſer le Pont a être renverſé comme il eſt arrivé à tous ceux qu'on y
a conſtruit, independamment de ce que
plus la Riviere eſt haute, & plus elle
eſt rétroiſie par la diſpoſition du ceintre
des arches qui ſe reſſerrent en s'élevant.

Or cette difference de l'embarras que
cauſent les Ponts dans les Rivieres, & la
difficulté de trouver un fond ſolide pour
pouvoir les établir, étant tout-à-fait à l'a-
vantage du Pont de bateau que je propoſe, & ces inconveniens formans les

principales confiderations qu'on doit avoir dans de pareils établiſſemens , il n'y a point de doûte qu'on ne le conſtruiſe par préference , ſi on ſe détermine jamais comme l'utilité & la neceſſité donnent lieu de le croire , à reffaire un Pont à Moulins , après avoir préalablement enlevez les décombres , & arraſés les Piles reſtantes juſqu'au niveau des plus baſſes eaux, pour debarraſſer la Riviere , & lui donner dans ſon écoulement toute la liberté qu'il eſt poſſible de lui procurer.

C'eſt cette Entrepriſe que j'ai l'honneur de propoſer à la Cour , ſous l'approbation de Monſieur l'Intendant du Bourbonois , de Meſſieurs les Magiſtrats de Moulins , & de tous les Ordres & Etats de cette Ville , m'engageant à l'executer à mes frais & depens , ou d'une compagnie que je me charge de former à cet effet, ne demandant d'autres droits pour en joüir moi mes hoirs Aſſociez ou Ayans cauſe à perpetuité , que ceux qui ſe perçoivent ſur le bacq ſans exception de perſonnes Habitans de Moulins ou Etrangers de quelqu'état & conditions qu'ils ſoient , & ſans que leſdits droits puiſſent être ſaiſis pour autre cauſe que pour l'acquit des depenſes qui auront été faites pour la conſtruction & entretien dudit Pont , moye-

nant quoi je m'oblige encôre à l'entretenir fans qu'il en coûte rien au Roy ni à
la Ville de Moulins, pourvû toutes fois
qu'il me foit permis de prendre tous
les bois dont j'aurai befoin pour la conftruction & entretien dudit Pont, dans
telle forêts qu'il me conviendra, à qui
que ce foit qu'elles appartiennent, en les
payant fur le pied de la taxe qui en fera
faite par les Commiffaires qu'il plaira à
Sa Majefté de commettre à cet effet, &
que pareillement tous les bois que je
ferai venir foit par eau foit par terre,
pour la conftruction & entretien dudit
Pont, puiffent paffer par tout exempts de
tous droits & péages, fans pouvoir être
arrêtez & rétenus par aucunes caufes ou
raifons.

Que fi Sa Majefté veut en faire les
fonds, ou fi la Ville de Moulins fe per-
fuade qu'il foit de fon honneur d'en faire la dépenfe, & de s'en rendre la pro-
prietaire, j'offre en ce cas d'employer tous
mes foins, peines & induftrie, pour la conftruction & entretien dud. Pont & de compter de clerc à maitre avec Mrs. les Magif-
trats de toutes les depenfes qui pouroient
s'y faire, réquerant qu'en réconnoiffance
de mes foins, peines & dépenfes, propofitions & inventions, comme auffi pour

J'entretien dudit Pont dont je me charge, il me soit accordé ma vie durant le produit d'iceluy pris sur le pied actuel du bacq, la Ville se conservant alors la franchise du passage pour ses habitans, avec la liberté d'en tirer les droits à son profit après mon decez.

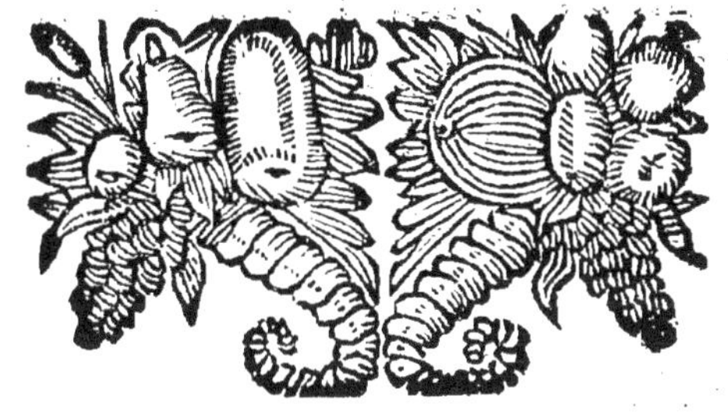

REPONSES

Aux Objections du Sieur Gabriel premier Ingenieur des Ponts & Chauſſées du Royaume, nommé à l'examen du Projet d'un Pont de Bateau propoſé ſur la Riviere d'Allier à Moulins

PREMIERE OBJECTION.

*L*A *propoſition d'établir un Pont de Bateau ſur la Riviere d'Allier, tel qu'il eſt deſigné par le Plan, & par le Memoire qui y a été joint, ne paroit pas pratiquable, il pourroit convenir en un autre endroit ou les bateaux fuſſent toûjours à flot, & les abords convenables, nous en marquerons les inconveniens ci-après.*

Reponſe.

De toutes les differentes eſpeces de Ponts que les hommes ont imaginez les plus avantageux ſont inconteſtablement les Ponts de Bateaux quand il y a lieu de les établir, ils ne degradent jamais le fond de la Riviere, ils ne font à ſon cours qu'un empêchement très-peu ſenſible, ils peuvent ſe guarantir des glaces & des debordemens ; on peut les faire en peu de tems & à peu de fraix, & les inconveniens quels qu'ils ſoient

G

qui leur arrivent, font aifez à reparer.
comme il eft de l'eſſence de l'Ingenieur
de chercher dans ſes operations à tirer de la nature tous les avantages qu'elle
peut procurer, de la maniere la plus ſim-
ple, la plus prompte, & la moins coutan-
te, il n'eft pas douteux qu'il ne préfere toûjours les Ponts de Bateaux à tous autres,
en les conſtruiſant, & diſpoſant ſelon que
les lieux le requierent, & c'eſt pour cette
cauſe que nous avions conſtruits & diſpoſez
les Bateaux qui doivent ſoutenir le Pont
que nous propoſons tels qu'ils étoient marquez par les coupes & profils ; vû que
par ce moyen on auroit été en etat d'ob-
vier à la crainte bien ou mal fondée qu'ils
ne fuſſent pas toûjours à flot, & pareillement remedier aux abords difficiles.

Deuxiéme Objection.

*On demande une conceſſion à perpetuité
pour Hoirs & Ayans cauſes fondé ſur l'im-
poſſibilité d'y établir aucun autre Pont,
ſoit en pierres ou en bois, & on en rapporte pour preuve les chutes des deux Ponts
de pierres & de celui de bois.*

Reponſe.

Sur le même accident arrivé aux trois
Ponts qui ont été conſtruits ſucceſſivement

dans cette partie de la Riviere d'Allier, si on ne peut pas assurer positivement que tout autre Pont que celui que nous proposons y seroit impraticable, on a du-moins de grandes raisons pour le soupçonner.

Troisiéme Objection.

On attribuë la chute du Pont Mansart qui est le dernier fait, aux profondeurs des sables à percer dont on n'a pû atteindre le bon fonds, ce qui l'a fait perir dans le tems qu'on le finissoit ; la fondation pouvoit en être vitieuse, mais ce n'a pas été la raison d'une chute si prompte, la cruë qui la emportée survint en vingt-quatre heures, & comme les trois arches furent fermées dans une seule année, elles étoient encore sur leurs ceintres, qui étoient encore garnis d'une grande quantité de bois, qui arrêterent tous les arbres, racines branches, & fumiers que la Riviere avoit ramassés sur ses bords, ce qui forma une digue, & fit monter les eaux àprès de trente pieds de hauteur, lesquelles ne pouvant se faire jour à travers les ceintres, firent un affoüillement très-considerable dans le terrain, & mirent la pile du côté du Fauxbourg en *l'air, laquelle s'affaissa & fit manquer l'arche du milieu, & celle du côté du Fauxbourg.*

Reponse.

Le Sieur Gabriel a été mal informé, quand on lui a dit, que le Pont Mansart étoit tombé par l'effort d'une cruë subite qui l'avoit renversée, la Riviere étoit grosse à la verité, mais non pas d'une hauteur extraordinaire, & elle ne le devint que parce que la pile du côté du Fauxbourg s'étant affaissée par le deffaut de solidité du terrain sur lequel elle avoit été fondée, les ceintres derangez par ce moyen ne purent plus soutenir la pesanteur des arches de part & d'autre, qui en tombant les écraserent, & formerent une digue, qui arrêta la Riviere, & la fit monter tout à coup d'environ treize à quatorze pieds au dessus des basses eaux, & non pas de trente pieds comme on l'a faussement dit au Sieur Gabriel, il n'y a pas même en cela la moindre apparence, car si cela fut arrivé la moitiéz des maisons de la Ville auroit été emportée, & il ne seroit pas resté de vestiges de celles qui subsistent encore actuellement dans le Fauxbourg ; cela est si vrai que malgré cette circonstance qui auroit dû faire monter la Riviere à une hauteur ex-

ceſſive, ſi elle avoit été précedamment aſ-
ſe groſſe, pour faire les effets que rapporte le ſieur Gabriel, ça été la moindre inon-
dation de toutes celles qui depuis peut-être
plus de cent ans ait meritée d'être remar-
quée, auſſi ne l'a t'on fait que par la cir-
conſtance de la chute du Pont, & c'eſt ce
que nous oſons atteſter, non ſeulement ſur
le bruit general des habitans de Moulins,
mais encore ſur pluſieurs inſcriptions ré-
panduës en divers endroits de la Ville, &
pareillement dans la Paroiſſe de la Magdeleine où il y a un tableau écrit en gros
caractere, qui fait état de quatre innondations arrivées depuis 1689. y compris celle-
cy que deux ont ſurpaſſée de dix-huit pouces & la troiſiéme d'un pied : on ſçait ce que
peut faire un pied de hauteur d'eau en pareil cas, & ſi on ne le ſçait pas on peut en
juger par les effets prodigieux que le dernier debordement de la Seine a fait dans
Paris, quoi qu'il n'eut excedé les plus grandes innondations précedentes, que de quelques pouces.

D'ailleurs c'eſt que la plus forte innondation qui ſoit peut-être jamais arrivée à
Moulins, eſt celle de 1733. neanmoins ſur
les remarques qui en ont été faites & ſur
l'atteſtation des Mariniers qui en ont encore la memoire toute fraiche, nous n'avons

pas trouvés qu'elle se fut élévée de plus de seize pieds au dessus des basses eaux.

Posons néanmoins pour un moment que la chute du Pont soit arrivée de la maniére dont on l'a compté au sieur Gabriel, la principale cause de cet accident ne viendroit-elle pas toûjours du peu de solidité du fond de la Riviere, sur lequel la pile étoit assise, car ladite pile ayant été construite sur pilotis encore tous fraix, & qui devoient avoir au moins trente cinq à quarante pieds de longueur, son affaissément, n'avoit pû se faire que par l'affoüillement des pilots par dessous ? Il falloit donc que la Riviere eut crusé à plus de quarante pieds de profondeur ; ce terrain que le sieur Gabriel prétend solide, mais tombe-t'il sous les sens qu'un terrain dans lequel une Riviere de quelque maniere qu'elle soit censée, forcée ou rétenuë fait en vingt-quatre heures un affoüillement de plus de quarante pieds, puisse jamais être estimée solide. Et après une preuve aussi convainquante, n'a t'on pas lieu d'être surpris que le sieur Gabriel ait l'idée de construire encore un nouveau Pont de pierres 60. ou 80. toise au dessous, en soutenant que celui-ci n'a pas peri par le deffaut de solidité du fonds sur lequel il étoit assis.

Quatriéme Objection.

A l'égard de l'arche du côté de la Ville, elle resta sur ses ceintres sans fractions, parceque la pile de ce même côté ne fut point affoüillée de même, & elle subsiste encore en son entier actuellement, ce qui est une preuve que la fondation pouvoit resister sans un pareil accident.

Reponse.

A l'égard de l'accident *nego*, quand au reste que produit ici le sieur Gabriel pour justifier ce qu'il a avancé sur la solidité du fonds de l'Allier, il paroît qu'il n'y a pas fait beaucoup d'attention, car il en auroit tirée une consequence toute opposée ; en effet, si le terrain eut été solide, comment la Riviere agissant dans les grandes eaux par tout également auroit-elle fait un affoüillement de plus de quarante pieds dans un endroit, sans effleurer seulement la superficie d'un autre qui en est tout proche ? Ne suit-il pas de là necessairement, qu'il faut que la pile vers la Ville se soit trouvée dans un fond ferme, & que la pile vers le Fauxbourg se soit rencontrée en un fond vicieux ? Peut-on exiger des temoignages plus clairs & plus convainquens, & en disant que c'est une preuve que la fondation

pouvoit refifter fans un pareil accident ?
N'eft-ce pas dire tout naturellement, que
ce Pont fe feroit foutenu fi le fond de la
Riviere eut été folide; ou par tout également
folide?

Cinquiéme Objection.

*A l'égard du Pont Ginguet on a toujours
reconnu qu'il étoit d'une trop foible conftruction, & les arches pas affez élevées
pour donner un paffage libre aux eaux.*

Reponfe.

Le Pont Ginguet a été conftruit pour
ainfi dire de nos jours, mille Gens dans
Moulins l'ont vû commencer & finir, &
il étoit affé confiderable pour croire qu'il
n'a point été entrepris que fous l'approbation des plus habiles Maîtres ; fi c'eft par
ignorance ou par mauvaife foi qu'ils n'ont
pas découverts, & prévenus les deffauts que
le fieur Gabriel lui impute, pèut-on prendre à l'avenir aucune fûreté fur des propofitions de cette nature & de cette confequence ? Quelque approbation qu'on leur donne, n'y aura t'il pas toûjours quelque fi,
ou quelque cas à craindre.

Sixiéme Objection.

*Pour le Pont de bois dont-il ne refte
plus aucuns veftiges , on fçait feulement*

par

par les plus anciens du Païs, qu'il a subsisté soixante ou quatre-vingts ans quoique
d'une mediocre construction, & qu'il n'a
manqué que par faute d'entretien.

Reponse.

Tout ce que nous avons pu apprendre
des Anciens du Païs, c'est que tant que le
Pont de bois a subsisté il n'arrivoit point de
cruës qu'elle n'enleva quelque pallées, jusqu'à ce qu'enfin il en vint une, qui emporta le Pont tout entier, & c'est ce que la disposition du lieu jointe à la qualité de la Riviere rend tout-à-fait vraisemblable ; & encore mieux l'aveu que fait le sieur Gabriel,
qui en attribuë la chute au deffaut d'entretien, vû l'utilité & la necessité d'un Pont à
Moulins n'est-il pas a croire qu'on n'auroit
pas negligé celui qui y étoit, si son entretien n'eût pas occasionné des reparations
trop fréquentes & trop considerables? Et ces
depenses trop fréquentes & trop consideral-
bles, pouvoient-elles être pour autres causes que pour le rétablissement des pallées,
que la Riviere emportoit à chaque debordement ?

Septiéme Objection.

Ces trois objets ne peuvent donc pas servir de pretextes, pour renoncer à construi-

re sur l'Allier vis-à-vis la Ville de Moulins un Pont, soit en pierres soit en bois, le terrain a été sondé en tout le travers de cette Riviere d'un bord à l'autre en differens endroits, & celui où la sonde a rapporté un meilleur terrain étoit à cinquante toises au dessous de l'endroit où l'Autheur propose de placer son Pont de bateau, & sur ces sondes on fait tout l'examen & les réflexions convenables pour y faire l'établisement d'un Pont de pierres, & en attendant qu'il peut s'executer un Pont de bois, ce qui n'a pas paru impossible à des personnes experimentées dans ces sortes d'ouvrages.

Reponse.

Il n'est point ici question de prétexte pour empêcher la construction d'un Pont soit de bois soit de pierres sur la Riviere d'Allier à Moulins ; il s'agit de mettre en évidence la verité en exposant aux yeux de la Cour & du Public les faits tels qu'ils sont ; tout habile homme que soit le sieur Gabriel il aura bien de la peine à faire croire aux Gens qui connoissent cette partie de la Riviere d'Allier, qu'on puisse avec sûreté effectuer sa proposition, malgré les sondes

qu'il dit avoir été faites dans tout le travers de ladite Riviere en differens endroits;
& il ne lui fera pas moins difficile de per-
fuader que ces fordes puiffent être plus
juftes & plus fures que celles que firent faire les Propofans du Pont Manfart, n'étant
pas permis de penfer qu'on eut ofé entreprendre un ouvrage d'une fi grande confequence fans avoir pris préalablement les
fondes, allignemens, mefures & précautions
neceffaires pour connoitre la folidité du
fonds qu'on trouva probablement plus
avantageux au lieu où on a conftruit le
Pont, que dans l'efpace de cent toifes au
moins de part & d'autre dont on avoit dû
fonder, & connoître le terrain, fi ce lieu
qui avoit été trouvé le plus folide & le plus
convenable, s'eft trouvé par la fuite totalement deffectueux, comme nous venons
de le faire voir, les operations qu'on fup-
pofe, affureront-elles qu'à 50. ou 60. toifes au deffous, on puiffe en faire un plus
folidement quoi qu'en puiffe dire les Gens
experimentés en ces fortes d'ouvrages, que
le fieur Gabriel ne nomme point ? Il fçait
mieux que qui que ce foit puifqu'il étoit du
nombre des Approbateurs, (ni ayant pas
d'apparence, vû la réputation qu'il avoit
alors, qu'on eut Entrepris cet ouvrage fans
l'avoir auparavant confulté) qu'on ne pou-

voit guere trouver de Gens plus capables que ceux sous l'approbation & direction de qui s'est fait le dernier Pont, & si néanmoins il n'en a pas mieux réüssi.

Huitiéme Objection.

En 1722. même Monsieur Doujat étant Intendant de la Province, il fut arrêté au Conseil l'execution d'un Pont de bois qui devoit être placé au même endroit sondé ci-dessus, dont par l'Arrêt qui fut expedié, l'adjudication fut faite au sieur Lambot, aux conditions de le construire à ses depens, au moyen d'un péage à-peuprès pareil à celui du bac qui lui étoit accordé pour vingt-quatre années, au bout desquelles il devoit l'abandonner & le laisser en état ; mais comme par ses conditions, il avoit demandé la preference & le choix sur le bois des forêts des environs, en les payant sur l'estimation, ce qui ne lui fut pas accordé par l'Arrêt ; ce Projet n'eut pas d'execution ; on pensoit donc en ce tems qu'il étoit possible de construire un Pont, mais en le faisant d'une solidité convenable, & telle quelle étoit marquée au Plan qui étoit annexe à la minute.

L'abjudication faite par Arrêt du Conseil au sieur Lambot d'un Pont de bois n'en justifie pas le succès, on ne conteste point qu'il n'eut pû se faire, mais si on en croit les Gens du Païs, il y auroit eû tout lieu de craindre qu'il ne se seroit pas long-tems soûtenu, & il paroît que le Conseil qui connoissoit parfaitement l'utilité & la necessité de l'execution d'un pareil Projet, doûtoit fort de sa réussite, puisqu'il ne voulut pas accorder au sieur Lambot la permission de prendre à son choix dans les forêts voisines les bois dont il auroit besoin, malgré la soumission qu'il faisoit de les payer à l'estimation ; c'est ce qu'on ne peut pas croire qu'on lui eut jamais refusé, si on eût été bien assuré du succez, puisque sans cela il n'étoit guere possible de l'executer : on pensoit donc alors comme on fait encore aujourd'hui , que la réussite d'un pareil Projet étoit tout-à-fait équivoque.

Neuviéme Objection.

L'Autheur rapporte dans son Memoire , qu'un pieu qui fut battu dans cet alignement lors des sondes ci-dessus en 1731. avoit été emporté dans la crüe suivante , cependant il est à la connoissance de tout le

monde que ce pieu eſt reſté en place pluſieurs années, & qu'il y eſt encore ; mais
comme il excedoit les baſſes eaux d'environ huit pieds de hauteur, & qu'il pouvoit
bleſſer quelque bateau, on a jugé à propos
depuis quelque temps de le couper à fleur
de terre, n'ayant jamais eu de poſſibilité
de l'arracher quelques forces qu'on y ait
pû employer, ce qui eſt d'autant plus facile
à s'imaginer, que lorſqu'il fut batu à
deſſein de connoître la fiche & le batage
en cet endroit, il fut rétiré à neuf pieds
de fiche, après quoi il fut rebatu juſqu'à
treize pieds & pour le rétirer on fut obligé
d'y employer une forte chevre avec double
écharpes, le treüil d'une forte ſonnette auſſi écharpé, & deux abatages fait avec des
pieces de vingt-quatre pieds de longueur,
garnies de groſſe chaines de fer qui caſſe-
rent pluſieurs fois, & avec toutes ces forces réünies on en vint à peine about ; après
quoi il fut encore rebatu & enfoncé juſqu'à
ſeize pieds, qui eſt la profondeur d'un terrain qui parut avoir le plus de conſiſtence,
ſuivant ce qui fut réconnu par les ſondes,

où il fut abandonné étant à refus ; ainsi il n'est pas possible suivant ce détail, qu'il ait pu être arraché comme l'avance l'Autheur.

Reponse.

Nous n'avons connu la manœuvre du pieu en question que par le récit de diverses personnes qui en ont été les témoins & qui nous ont dit que depuis une cruë d'eau qui survint, n'ayant plus sçû ce qu'il étoit devenu, elles ne doutoient point que la Riviere ne l'eut entraînée, mais quand on auroit pû enfoncer solidement un pieu dans quelque partie de la Riviere d'Allier (qu'on n'auroit pas même exprès choisi pour cela) resulteroit-il de-là, qu'on pourroit par tout en enfoncer solidement ; la differente maniere dont-on voit aujourd'hui que les piles des deux Ponts ont chacune differamment travaillé ? ne confirme-t'elle pas ce que nous avons déja dit sur le fond de cette Riviere, qui n'est pas par tout le même en sa largeur, ayant au contraire lieu de conjecturer que d'une toise à l'autre il y a une très-grande difference, & qu'ainsi l'experience que rapporte le sieur Gabriel ne peut decider de rien ?

D'ailleurs après la chute du Pont Ginguet, & la connoissance que chacun à de la Riviere d'Allier, ne seroit-il pas étonant qu'avant de se déterminer à la dépense prodigieuse qu'on a fait à l'occasion du dernier Pont, on n'eut pas sondé à diverses réprises le terrain à plus de cent toises dessus & dessous pour s'assurer du fonds le plus solide, & qu'on n'eut pas choisi celui qu'on prétent avoir decouvert soixante ou quatrevingt toises au dessous, par préference au fonds vitieux où nous avons fait voir qu'on avoit établi le Pont Mansart ? Les Proposans & Entrepreneurs en étoient les Maîtres ; & rien ne les engageoit à établir le Pont plûtôt au lieu où ils l'ont placé, qu'en celui où on prétend qu'ils le doivent placer ; il y a donc tout lieu de présumer qu'ils ont pris toutes les mesures necessaires pour s'assurer du meilleur fonds, & que dans toute cette partie de la Riviere ils n'en ont pas trouvez de plus solide, si malgré cela le Pont n'a pas pu y resister, il n'y a guere d'apparence qu'un autre pu mieux se soutenir à soixante ou quatrevingts toises au dessous.

Dixiéme Objection.

Après la dessertation des choses ci-dessus il faut revenir aux difficultez que nous avons trouvez dans l'examen du Projet du Pont de bateau proposé ; l'Autheur marque dans

dans ſon Memoire que les cruës les plus hautes montent juſqu'à vingt-un ou vingt-deux pieds , * il n'a pas rémarqué que vis-à-vis l'endroit ou arrive ſon Pont , il n'y a que douze toiſes de diſtances depuis ſon extremité juſqu'aux maiſons du Faux-bourg de la Magdeleine qui regnent le long de la Riviere ce qui ſe peut voir ſur le Plan de la Ville de Moulins , ſur lequel ſes Ponts ſont marquez, qui eſt au Bureau des Ponts & Chauſſéés, & dont nous avons la copie ; il faut une chauſſée au moins de quatre toiſes le long des maiſons , en ſorte qu'il ne reſteroit que huit toiſes pour la deſcente , à laquelle on ne devroit donner que quatre pieds de pente , pour qu'elle n'eut que ſix pouces par toiſes ; ce qui eſt demontré par les profils cy-joints à ce Me-moire que nous en avons fait.

* Le ſieur Gabriel devroit être un peu plus exact dans ces objections & ne pas nous faire dire ce que nous n'avons pas dit, nous avons marquez que la Ri-viere dans ſes plus grandes innondations avoit 21. à 22. pieds de hauteur, mais nous n'avons jamais dit que ſes cruës les plus hautes montoient juſqu'à 21. ou 21. pieds ce qui feroit une grande defference : on en ju-gera par les conſequences.

Reponse.

Nous ne difputons point au fieur Gabriel fon habilité dans les travaux ordinaires, & nous le croyons auffi très capable de ceux où le genie a befoin d'opérer ; mais fes occupations continuelles ne lui laiffant pas le tems de chercher à remedier aux inconveniens qui peuvent fe rencontrer en pareils cas, nous ne devons point être furpris de cette objection.

Il avouë que le Quay du Fauxbourg a douze toifes de largeur, & que nous n'en pouvons prendre que huit pour difpofer notre abordage, ce qu'il affure n'être pas fuffifant, parce qu'il y auroit une pente trop rude pour la defcente dudit Pont.

Mais nous fommes d'un fentiment bien different, puifque les huit toifes qu'il nous accorde font plus que fuffifantes, & que bien loin de defcendre par une pente, qui à ce qu'il penfe feroit trop rude ; nous prétendons qu'il faudra encore élever le terrain de plufieurs pieds pour le mettre au niveau des plus grandes eau, aufquelles il eft aujourd'huy fort inferieur ; c'eft un fait dont on conviendra par l'expofé qui en fera donné ci-après.

Onziéme Objection.

Si on propofoit une defcente par le côté

foutenuë d'un quay fur la Riviere, il la faudroit de trente-cinq à quarante toifes de longueur, pour n'avoir que cinq à fix pouces de pente par toifes qui eft encore affé forte, elle ne pourroit fervir que dans les baffes eaux, mais fi tôt qu'il y auroit des cruës elle ne pourroit fervir, attendu que le Pont refteroit toûjours dans fa même place, & par confequent elle fe trouveroit noyée dans une très-grande longueur.

Reponfe.

La continuité d'objections de cette efpece pour la démonftration defquelles le fieur Gabriel a donné des deffeins, eft une preuve évidente de l'envie qu'il a de faire échouer une propofition qui a le malheur de lui plaire; car en fupofant [comme il paroît que c'eft fon idée, & pareillement celle qu'il voudroit faire entendre que nous avons eu] que la Riviere dans fes plus grandes innondations monta vingt-un ou vingt-deux pieds au deffus des plus baffes eaux : il arrive que dans le tems defd. baffes eaux, les culées étant élevées 10. à 12. pieds au deffus, la pente feroit exceffive, & que dans les grandes innondations, non feulement l'inconvenient de cette part feroit plus grand, mais il arriveroit encore

qu'à peine la Riviere auroit-elle atteinte la
moitié de la hauteur où elle peut s'élever,
que les abords en seroient noyez, & que
le Pont ne pourroit plus servir ? Mais où
le sieur Gabriel a-t'il pris occasion de
penser ainsi & de prétendre que c'est nôtre
sentiment ? Quand nous marquons précisement que la hauteur de la Riviere dans
ses plus grandes innondations est de vingt-
un à vingt-deux pieds, il ne peut pas ig-
norer que la hauteur des basses eaux qui
est de cinq à six pieds entre les Ponts doit
y être comprise, & qu'ainsi il ne reste que
quinze à seize pieds pour les plus fortes
innondations ; elles sont marquées à quatorze pieds dans les Plans & Memoires
donnez pour la construction du dernier
Pont ; nous en avons la preuve en main,
il n'y a point de doute qu'elle ne se trouve pareillement au Bureau des Ponts &
Chaussées , & que le sieur Gabriel qui
a été employé plusieurs fois à cette occasion sur les lieux n'en ait copie ; c'est pourquoi il a très-mauvaise grace de supposer
les innondations vingt-un à vingt-deux
pieds au dessus des plus basses eaux, quand
il sçait le contraire , n'ayant d'ailleurs pu
manquer de voir dans les frequens voyages qu'il a fait sur les lieux, que l'innondation de 1733. (qui est la plus forte qui soit

peut être jamais arrivée à Moulins) n'a
cependant montée que seize pieds au dessus
des plus basses eaux ; cela étant , le sieur
Gabriel auroit dû comprendre sur la simple coupe des Bateaux , dont nous produi-
simes des desseins à la suite de nos reflexions aux objections que nous furent faites
à Moulins , qu'on pouvoit dessus établir
un Pont mobile , que nous aurions été
les maîtres d'élever jusqu'à neuf pieds au
dessus des bords superieurs desdits Bateaux
qui excedant eux-mêmes la superficie de
la Riviere de trois pieds cinq pouces , auroient donné à volonté jusqu'à douze pieds
cinq pouces d'élevation audit Pont, en y
joignant trois pieds de pente, qu'on auroit
pû procurer à la partie du Pont qui auroit
posée d'un bout sur la Cullée, & de l'autre
sur le plus prochain Bateau , c'auroit été
quinze pieds cinq pouces , d'où suit que
les bors qui auroient dû servir de Cullées
étant élevez de quinze pieds au-dessus des
plus basses eaux, c'est-à-dire considerable-
ment plus haut qu'ils ne sont actuellement ,
par consequent fort differens de l'idée du
St. Gabriel qui pretend qu'on doit encore,
les abaisser, n'auroient pas donnés dans les
plus basses eaux six pouces de pente par
toises ; pour parvenir jusqu'au premier batteau ; que cette pente auroit diminuée à

proportion que la Riviere auroit montée que trois pieds au - deſſus des baſſes eaux qui eſt ſon état le plus ordinaire, le Pont ſe ſeroit trouvé de niveau avec les avenuës, qu'il ſe ſeroit ſoutenu en cette ſituation juſqu'à ce que la Riviere eut montée neuf pieds au-deſſus des baſſes eaux, & que dépuis neuf juſqu'à quinze, il auroit eu de la pente à proportion des cruës de la Riviere : mais comme à douze pieds au-deſſus des baſſes eaux qui eſt à trois ou quatre pieds près la hauteur des plus fortes innondations, la Riviere couvre le Chambon, & innonde le Fauxbourg & la Baſſe-ville, & qu'en ce tems tout commerce eſt interrompu, qu'à lors la montée & la deſcente du Pont eut été rude ou aiſée, cela auroit été fort indifferent.

Que ſi par rapport à la nouveauté ce Pont mécanique mobile ne fut pas convenu malgré les avantages qu'on en auroit pû retirer, n'auroit-il pas été fort difficile de conſtruire un Pont fixe, dont les poutres qui ſoutiennent les madriers auroient été élevées de 8. pieds au-deſſus de la Riviere, moyenant quoi en prenant huit-toiſes pour la partie du ponton d'arrivage qui porteroit ſur le quay la montée & la deſcente n'auroit jamais plus de ſix pouces par toiſes, ſouvent elle ſeroit de niveau avec le reſte du Pont & la plûpart du tems elle n'auroit qu'un ou deux pouces suivant les differentes cruës ? Il est aussi visible que par cet arrangement, les montées & les descentes du Pont ne courreroient jamais risque d'être noyez, & que les abords en seroient en tous tems faciles & commodes, il y a même plus, c'est qu'on pourroit encore, si on vouloit épargner la dépense & le poids des Ponts levis, comme aussi l'embarras de les lever & baisser toutes fois & quand un bâteau se presenteroit pour monter & descendre; ainsi il y a tout lieu d'être surpris des susdites objections du Sr. Gabriel, & de la peine qu'il a prise de faire des desseins pour les appuyer, puis qu'en reduisant les choses dans la simplicité où on doit les concevoir, toutes ces objections se dissipent d'elles-mêmes, & on ne voit plus alors que l'indisposition qui les a occasionnées.

Douziéme Objection.

Autre obstacle pour l'entrée & sortie du Pont, il place son bâteau qui fera la joué du passage qu'il pratique avec Pont levis pour la navigation, & qui portera les pieces au bout desquelles seront établies les charnieres pour lever le ponton d'arrivage, à vingt-cinq pieds de distance du bord exterieur dudit bateau, ce qui donneroit par cette saillie une bascule étonante qui ne pourroit se soutenir sous la pesanteur desd. voitures, en sorte que pour porter cette piece à laquelle seront attachées les charnieres, il sera obligé d'approcher le bateau & de changer le passage qui deviendroit trop près du bord, ou d'en mettre encore un autre près de ce bord de la Riviere, ce qui attirera un grand inconvenient.

Reponse.

Le Sr. Gabriel n'a pû voir dans nos desseins, couppes & profils aucune charniere, parce que nous n'avons jamais eu intention de nous en servir, nous en connoissons trop les inconveniens, ainsi cette objection est réellement trés-déplacée.

Treiziéme Objection.

Le grand inconvenient consiste en ce que le courant de la Riviere jettant toûjours le sable sur le rivage, formera nn atterissement à l'emplacement de ce premier bateau qui restera à sec pour peu que la Riviere soit un peu basse.

Réponse.

Reponse.

Le sieur Gabriel qui dit avoir été si souvent sur les lieux, & qui se pique de connoître parfaitement cette partie de la Riviere d'Allier, se trompe ; le cours de l'Allier lors des basses eaux n'est pas dans le milieu de son lit, mais le long du quay de la Ville où il y a de l'eau en tous tems, c'est pour quoi les Bateaux passent toûjours vers cette partie, & quoi qu'il y ait continuellement une largeur de trois ou quatre Bateaux en charges ou en décharges, on n'y a point encore vû d'atterissemens ; pour quoi les Bateaux du Pont en occasionnetoient-ils plûtôt que ceux qui y sont continuellement à trois ou quatre de hauteur ? Mais plûtôt où le sieur Gabriel a-t'il vû que des Bateaux occasionent des atterissemens quand la disposition du lieu n'en procure pas ordinairement ? Il sçait bien que la Riviere y étant dessous plus resserrée, doit être réciproquement plus rapide, par consequent il doit moins qu'ailleurs s'y faire des dépôts, aussi ne s'y en fait-il point.

Quatorziéme Objection.

Labord du côté de la Ville aura pareille difficulté, ne pouvant arriver à ce Pont de Bateau que par une rampe derriere le

K

Quay pour y descendre dans les basses eaux
& qui se trouvera noyée quand elles seront
hautes, attendu la même raison, qui est
que ce Pont ne change point de place.

Reponse.

Quand la construction & disposition de
notre Pont seroit susceptible de pareilles
objections, ce dont il est bien éloigné, on
pourroit dire que celle-ci seroit encore tout
à fait hors de place, vû qu'il y a une ruë
paralelle à la ruë d'Allier, où le Pont pourroit aboutir, & dont on seroit maître de
disposer à volonté, si elle n'est pas marquée sur le Plan qui est au Bureau des Ponts
& Chaussées, & dont le Sr. Gabriel dit qu'il
a copie, nous pouvons de science certaine
lui conseiller de ne pas s'y fier parce qu'il
n'est pas juste.

D'ailleurs supposons qu'on ne veulût pas
établir le Pont en cet endroit, ou que l'a-
yant établi, on trouva par la suite à propos
de l'avancer, ou de le réculer, ce qui est
un avantage particulier aux Ponts de Bâteaux, ne seroit-il pas bien difficile & bien
dispendieux de percer une des maisons de
Païsan qui bordent la Riviere, tant du côté de la Ville que du côté du Fauxbourg,
non pas que cela soit absolument nécessaire
comme nous l'avons fait voir, n'ayant seu-

lement pas befoin de huit toifes, des douze
que le St. Gabriel accorde qu'il y a ; mais
uniquement pour la commodité du Public,
& la décoration de l'entrée du Pont, par
ce moyen on tomberoit du côté de la Ville
dans la grande ruë paralelle au quay qui
va fe rendre à la ruë d'Allier, & du côté
du Fauxbourg on iroit tout d'un coup à bou-
tir au grand chemin du Berry qu'on abre-
geroit de plus d'un grand quart de lieuë?
Ce fut l'idée qui vint à Monfieur de Souvigny , dans l'inftant même qu'il jetrea les
yeux fur ces objections, & c'eft auffi celle
qui viendra naturellement à toutes perfonnes de bon fens, pour peu de connoiffance qu'elle ait de la fituation des Lieux.

Quinziéme Objection.

Le Paffage pour les Bateaux avec Pont-
lévis eft neceffaire, il eft indifferent qu'il
s'éleve avec une Bafculle à l'ordinaire, ou
par une machine comme à l'Opera, & pour
le rendre toûjours ftable au même endroit
il entourre les deux Bateaux qui font la
jouë du Pont de pieux aux avants &
arrieres becqs, contre lefquels ils s'éleveront
fans les amarer , il faudra que la tête de
ces pieux foient quelques pieds plus élevés
que les hautes eaux , qui font à vingt &

vingt-un pieds ; l'Autheur dit dans son Memoire qu'il ne s'en peut battre solide-ment dans les sables, & il propose ceux-là qui doivent avoir au moins trente pieds.

Reponse.

A l'égard de la necessité absoluë des Ponts lévis pour la parfaite construction d'un Pont de Bateau sur la Riviere d'Allier à Moulins, c'est ce que nous nions formellement ; car par le Pont mobile que nous avions proposé pour rémedier aux assablemens qu'on nous objectoit, & tenir malgré yceux le Pont toûjours de niveau, il n'en auroit point été besoin, vû qu'on auroit pû choisir indifferemment telle trauée dudit Pont qu'on auroit voulu pour le passage des Bateaux montans & descendans, en l'élevant à la hauteur necessaire, & cela nous avoit paru démonstré assé clairement pour qu'on ne pût pas s'y méprendre.

A l'égard des Ponts stables en tenant cōme nous avons dit, le Pont élevé de huit pieds au-dessus de la superficie de la Riviere, il n'y auroit qu'à prendre la trauée dudit Pont qui paroîtroit la plus convenable pour en faire une Arche avalante, sous laquelle passeroient aisément les Bateaux qui font le commerce d'Allier, attendu que lesdits Bateaux à vuide n'ont jamais plus de six à sept pieds au-deſſus de l'eau , & quatre ou cinq pieds quand ils ſont chargez , c'eſt un fait qu'il nous a paru important de ſçavoir , & dont nous avons pris ſoin de nous inſtruire éxactement ſur les lieux , il eſt très-aiſé d'en connoître la vérité.

Quand au Pont fixe dont nous propoſions de contenir les deux Bateaux qui au-roient portés les Ponts lévis avec des pieux le long deſquels ils auroient montés & deſcendus , quoique nous ayons dit qu'on ne pouvoit en battre ſolidement dans les ſables de cette Riviere , nous ne preten-dons pas pour cela nous retracter de notre poſition qui eſt generale pour la largeur de la Riviere ; mais qui peut avoir des modi-fications dans quelqu'unes de ſes parties , t'elles qu'eſt ici celle ou nous propoſons d'établir des pieux , qui étant fort pro-che du Quay , pourroit bien procurer à ceux qu'on y enfonceroit la même re-ſiſtance qu'ont touvés les pieux qui ſont le long dudit Quay , d'autant plus qu'é-tant renfermés entre l'eſpace du Quay & la pile du Pont Manſart qui paroît avoir été fondée ſur un terrain ſolide , com-me le juſtifient les piles du Pont Ginguet qui ſont au-deſſous, il y avoit tout lieu de croire que ces pieux ſe feroient parfaitement ſou-tenus, & la longueur dont il les auroit fal-

lut, n'auroit point empêché leur établissement, parce qu'on ne feroit pas embaraffé
dans les Forêts voifines d'en trouver encore
de plus longs; au furplus quand il feroit arrivé que le terrain n'auroit pas été affe foli e
pour établir les fufd. pieux, ce n'auroit jamais pû être un obftacle capable d'empêche
l'exécution & le fuccès dudit Pont, puifque
fi cela n'eut pas pû réüffir de cette façon,
il n'y auroit eu qu'à amarer un defdits Bateaux au Quay, & l'autre à la Pile la plus
proche, en laiffant libre l'efpace qui fe feroit trouvée entre le Bateau attaché au
Quay & celui qui auroit été attaché à la
Pile pour le paffage des Bateaux qui eft
celui où ils ont paffés de tous tems & le même où ils paffent encore aujourd'hui; mais
en prenant le parti d'élever notre Pont
huit pieds au-deffus du niveau de la Riviere,
il eft conftant que nous éviterions cet inconvenient, ainfi que le poids & la dépenfe
des Ponts-lévis avec l'embarras & la difficulté de les lever & de les defcendre pour
le paffage de chaque Bateau; C'eft pourquoi après avoir le tout foncierement examiné, nous penfons que c'eft le vrai parti
qu'il conviendroit de prendre en cette occafion.

Seiziéme Objection.

L'Auteur amarre les Bateaux qui por-

feront fon Pont à des morceaux de bois de
bout, qu'il pretend enfoncer dans le reftant
des piles du Pont Ginguet d'environ huit
pieds de profondeur, après qu'il aura fait
arrazer ces vielles piles jufques à fleur des
baffes eaux, afin de pouvoir fceller ces morceaux de bois dedans ; il fe trompe, il ne
refte que quatre piles élevées au-deffus de
l'eau dont deux font élevées au-deffus des
baffes eaux de toute leur hauteur, & les
deux autres font tronquées à moitié & en-
foncées au-deffous des baffes eaux, ainfi que
trois autres qui ne fubfiftent plus, ce qui
fera de la difficulté pour mettre les pieces
de bout qui doivent tenir les amarrages.

Reponfe.

Cet Article mérite une très-férieufe attention, c'eft le plus important de tous puifqu'il établit la validité de notre propofition
& qu'en lui feul réfide toute fa force, on
ne peut donc l'approuver, fans approuver
en même tems l'entreprife qui en refulte,
& que l'utilité du commerce & la néceffité
d'un Pont en cette Ville auroit certainement fait exécuter il y a long-tems, fi l'on
avoit pu trouver le moyen d'établir fur cete
Riviere un Pont de Bateau folide ; mais

les Ancres & les Pieux qui étoient les feules reffources que l'on connoiffoit alors ; n'étoient pas capables de le rendre tel, au lieu qu'on ne fçauroit difconvenir que le moyen que nous avons imaginé ne foit immanquable ; & ce point accordé on doit regarder toutes les autres objections que l'on peut faire comme des objections de party incapable d'empêcher foncierement l'exécution d'un pareil Projet, que les talens d'un Directeur homme d'art & de bon fens fçauroient éviter ou corriger, ayant d'ailleurs pardevers lui divers exemples de pareils ouvrages pour le guider.

Nous nous en rapporterons donc fur cet Art. au Sr. Gabriel, qu'on ne doit pas conftamment regarder en cette occafion comme un Examinateur indulgent, néanmoins quoi qu'on fente bien à la façon dont il s'explique, que cette découverte n'eft nullement de fon goût, ne pouvant mieux faire, il fe retranche fur la difficulté d'enfoncer ces bois dans les Piles qui font actuellement cachées fous les eaux, & dans l'erreur où nous fommes tombez en marquant que le Pont Ginguet n'avoit que fix piles, & il en a fept, tant mieux, il feroit à fouhaiter qu'il y en eut une douzaine, mais ce qu'il y a à obferver, c'eft que le Sr. Gabriel ne difconvient pas que de ces

fept

sept piles, il y en a quatre dans le massif desquelles on peut enfoncer les pieux qui soutiendront le Pont; cela suffit, nous ne nous embarrassons guères des trois qu'il dit être perduës sous les sables, quelques pellées qu'on en ôtera, nous donneront le moyen d'en tirer de l'utilité si nous en avons besoin? On ne présume de cette part que de la difficulté à y en casser les pieux, & nous nous ne croyons pas que cette operation en donne beaucoup quand les eaux seront basses.

A l'egard des quatre piles * où on ne trouve aucune difficulté, si on veut se donner la peine de faire le calcul de la solidité de chacune d'icelle, & de l'effet que fait la Riviere contre chaque Bateau, on trouvera que dans les plus fortes innondations une seule de ses piles seroit capable par sa seule masse & solidité de retenir dix Ponts comme celui-ci, & il y en a quatre dont on ne disconvient point que, nous pouvons nous

---

* *Nota.* Qu'il y avoit cinq piles entierement découvertes au 25. du mois d'Avril dernier, sçavoir, la deuxiéme, la troisiéme, la cinquiéme, la sixiéme & la septiéme, que l'eau qui passoit sur la quatriéme donnoit lieu de conjecturer par son frissonnement, que dans les plus basses eaux, elle est aussi découvert. & qu'il n'y a que la premiere dont on ne voit point de vestiges; la fondation pour la seureté des Bateaux qui y passent en tous tems ayant été enlevée deux ou trois pieds au-dessous des plus basses eaux.

L

ſervir ; ainſi de l'aveu même du Sr. Gabriel, le Pont que nous propoſons à donc
une reſiſtance infiniment plus grande qu'il
n'en eſt beſoin, quoi qu'en tout ceci nous
n'ayons fait entrer pour rien les deux piles
du Pont Manſart, dont celle qu'on a com-
mécé à détruire dans l'état où elle eſt à preſent, feroit ſeule encore beaucoup plus d'effet que les ſept piles du Pont Ginguet, ce
qui nous eſt un ſurcroit d'avantages, & une
aſſurance infaillible du ſuccès, puiſque nous
pouvons nous ſervir des piles du Pont Manſart comme des piles du Pont Ginguet, de
toutes les piles même des deux Ponts enſemble ſi beſoin eſt, & qu'enfin c'eſt le
point eſſentiel & déterminatif de la propoſition.

Dix-ſeptiéme Objection.

Ce n'eſt point le plus grand deffaut,
pour tenir ce Pont dans l'alignement que
l'on ſe propoſe, au lieu de ſe ſervir de cor-
dages ou de chaînes, il établit les amares
par des pieces de bois, qui ne pouvant avoir
la longueur de la diſtance dépuis le pieu
planté dans le maſſif de la pile juſqu'à la
tête des Bateaux qui eſt de quinze à ſeize
toiſes, il les fait de pluſieurs morceaux qu'
il acroche les uns aux autres ; il s'enſuivra

*que lorſque les eaux monteront, la longueur
de ces pieces de bois enſemble, ne pouvant
s'allonger obligeroit ce Pont à remonter
d'amont, de façon que dans les plus hautes
eaux il s'éloigneroit de trois pieds & demi
à quatre pieds de l'alignement de la partie
où ſe feroit le paſſage des Bateaux qui eſt
fixé, & ne peut changer, & feroit par
conſequent un reddan qui retroiſiroit l'entrée de cette partie, au reſtant du Pont de
trois pieds & demi à quatre pieds, ainſi
qu'il eſt démontré au deſſein ci-joint que
nous en avons fait.*

Réponſe.

Cette objection que le Sr. Gabriel propoſe comme un obſtacle important, & pour
la démonſtration de laquelle il s'eſt encore
donné la peine de faire des deſſeins, eſt
néantmoins ſi legere qu'on doit être ſurpris
qu'il en ait ſeulement parlé, n'étant qu'une
faute de refléxions, où la Perſonne la moins
au fait d'un pareil ouvrage, auroit trouvé
le moyen de remedier, dans l'inſtant même
qu'on s'en eſt aperçû, outre qu'on pouvoit
corriger ce deffaut également après comme
avant l'ouvrage ne contribuant en façon
quelconque au ſuccés ou à l'empêchement

de son exécution, puisqu'il n'est question
que d'attacher une moufle ou poulie à
l'extrêmité du baliveau le plus proche du
Bateau, dans laquelle moufle il n'y auroit
qu'à passer des cordages, qu'on amarreroit
aux poteaux montans de l'avant bec de
chaque Bateau, moyennant quoi on seroit
en etat de retenir le Pont à celle distance
des Pieux que l'on voudroit; d'ailleurs :
c'est que nous avons dit que l'on pouvoit se
servir également à cet effet de chaines &
de cordages indifféremment? En vérité cela
valoit-il la peine de faire des desseins, & en
recourant à des objections de cette espece
n'est-ce pas marquer trop clairement l'envie que l'on a de détruire ce Projet, & faire
voir qu'on est totalement dépourvû de moyens & d'idées pour y parvenir?

Dix-huitiéme Objection.

*La plus grande objection est celle
désignée dans le Memoire des remarques faites sur la proposition à laquelle
l'autheur a répondu, qui est que la Riviere
d'Allier est sujette à des assablemens &
atterissemens frequens, qui rendroient ce
Pont inutile une bonne partie de l'année;
attendu qu'il se trouveroit souvent des Bateaux sur le sable, trois à quatre pieds plus*

élevées que le niveau des basses eaux qui porteroient les autres, ce qui formeroit des montées & des descentes trop rudes & trop incommodes.

Reponse.

Le Sr. Gabriel rapporte cette objection, mais il se garde bien de rapporter la réponse que l'Autheur y a fait ; il dit simplement qu'il y a répondu, s'il l'a fait bien ou mal, c'est une question, qu'il semble avoir craint d'entamer ; peut être a t'il eu raison, car il n'auroit pû se dispenser de convenir, que tous ces assablemens & atterissemens se dissiperont , quand on aura enlevé les causes que nous avons fait voir ; qui les produisent aujourd'huy ? posons neanmoins que les reflexions que nous avons fait à ce sujet, n'ayent pû le convaincre . Peut - il se dispenser de convenir que la solidité que nous donnons à nos Bateaux , ne les rendit le cas arrivant, capables d'échoüer sans crainte sur un sable leger & mouvant, & d'y être aussi solidement que dans l'eau , & comme il ne pourroit point y avoir en cette partie d'assablement qui excedât les plus basses eaux , après l'arrazement des Piles & l'enlevement des decombres, il seroit facile de disposer un Pont de Bateaux fixe , de maniere que tous ces affablemens ne pourroient lui nuire, ou bien fe fervir du Pont de Bateaux mobile que nous propofames à cet effet, parce qu'ayant la facilité d'en lever & baiffer à volonté les trauées, il feroit arrivé qu'il n'y auroit jamais eu de montées rudes & incommodes.

Au furplus on aura la bonté d'obferver que la Riviere ayant baiffé fur la fin du mois d'Avril dernier à quatre ou cinq pouces près de ce qu'elle a jamais baiffé dans les plus grandes fechereffes ; nous nous tranfportâmes à Moulins pour l'examiner à fond, de forte que le 23. le 24 & le 25. nous y vîmes totalement à découvert un banc de fable occafionné par la chûte de la troifiéme arche du Pont Ginguet dont les pierres ont entiérement fermé l'ouverture de l'arche, & ont formé une digue derriere laquelle eft cet affemblement de la hauteur defdites pierres, dont la largeur contient l'épaiffeur des deux piles qui foutenoient l'arche qui eft tombée, & l'ouverture de ladite arche, diminuant infenfiblement de hauteur & de largeur, en s'éloignant du Pont.

Un peu plus haut vers le Fauxbourg, nous vîmes un autre bãc de fable ocafioné par une pile qui excede encore les baffes eaux, & auffi par les décombres de ladite pile qui se sont épandus de part & d'autre; cet assablement est moins haut, moins large, & moins long que le premier, il diminuë comme lui de hauteur & de largeur insensiblement.

A quelque distance du Pont est encore un banc de sable dans le milieu de la Riviere; il n'est pas fort élevé, mais il est fort large & fort long; on pretend qu'il étoit beaucoup plus considerable qu'il n'est aujourd'huy; il provient à ce que nous en avons pû juger du retroisissement de la Riviere par les piles du Pont qui la faisant élever dans la partie d'amont, occasionoient dans la partie d'aval une chûte qui a creusé le lit au-dessous; & des sables qui en ont été tirés s'est formé cet assablement, comme il arrive ordinairement sous tous les Ponts batis sur des Rivieres rapides, de même que sous la chûte des molins & écluses, & c'est pour l'empêcher autant qu'il est possible qu'on y fait ordinairement des radiers: mais au-dessous de ce bâc de sable il n'y a nulle apparence d'assablement ou d'atterissement, la Riviere occupant toute la largeur de son lit sans aucune hauteur ny profondeur considerable, principalement dans la traversé qui prend de la grand ruë au-dessus de la Tour de la Ville, & pareillement au-dessous & proche de lad

Tour, jusqu'à la partie du Quay qui est au-
dessus du magasin de charbon de terre du côté du Fauxbourg où nous n'avons trouvé par
tout de l'eau que dépuis un pied & demi jufqu'à deux pieds & demi, les Bateliers nous af-
furans que la Riviere ne pouvoit pas dimi-
nuër d'un demi pied au-dessous de ce qu'elle
étoit alors, que son fond en cette partie étoit
toûjours couvert d'eau, & qu'en tous tems
ils passoient d'un bort de la Riviere à l'autre
avec leurs Batelets, laquelle égalité de
fonds, nous eumes encore ocasion de reconnoître plusieurs fois pendant les trois jours
que nous demeurâmes exprès à Moulins, par
les chevaux qui passoient en cette partie
la Riviere à gué sans avoir de l'eau que jufqu'au ventre dans les lieux les plus profonds,
& jusqu'aux genous dans les endroits les
plus élevez.

Voilà constamment & de fait l'état
du fond de la Riviere d'Allier à Moulins
au-dessous des Ponts ; chacun peut aisément
dans cette saison le reconnoître & juger de
là s'y en arrazant le restant des piles du Pont
Ginguet, & en enlevant les décombres au
niveau des plus basses eaux ; lesdits assam-
blemens ne se dissiperoient pas ; mais quand
même ils subsisteroient encore contre toute
vraisemblance, empêcheroient-ils pour
cela l'établissement d'un Pont, puisqu'au
lieu

lieu de le faire quelques toifes au-deffous
du Pont Ginguet , il n'y auroit qu'à le re-
culer du côté de la Ville jufqu'à la grand
ruë qui eft au-deffus de la Tour , ou même
le defcendre jufqu'au deffous de cette Tour,
pour de là le faire aboutir du côté du Fauxbourg en la partie du Quay qui eft au-deffus
du magafin de charbon de terre , moyenant
quoy les Bateaux ne feroient jamais à fec ,
& fuppofant qu'ils vinffent à échoüer , il
n'y auroit des uns aux autres ni hauts ni bas ni
differences fort fenfibles ? il eft à préfumer au
contraire que la Riviere étant refferrée dans
fon paffage fous les Bateaux , aquereroit une
rapidité qui enleveroit les fables legers qui
s'y trouvent , ce qui feroit tout naturellement fous chaque Bateau , un enfoncement
où il feroit à flot en tous tems.

Dix-neuviéme Objection.

*Il eft notoire que l'endroit où il place fon
Pont , qui eft à peu près , celui où paffe le
bacq eft une bonne partie de l'année en com-
blé de fables prefqu'à travers la Riviere
entiere, à la referve de quelques courans que
la Riviere laiffe à travers , ce qui fait
qu'en Eté les Voitures paffent toutes à gué
au-deffus du Pont Manfart , ainfi qu'une*

M

partie des Cavaliers, & qu'il n'y a plus que de petits Bateaux qui paſſent les Gens de pied, & quelques Cavaliers qui ne veulent pas paſſer à gué ; ce que nous avons remarqués en differens voyages que nous avons fait en Eté à Moulins pour les travaux & nos operations, il eſt bien difficile à croire comme penſe l'Autheur que la Riviere accoûtumée à faire ces ſortes de dépoſts les emporte à la faveur de l'établiſſement de ce Pont de Bateau.

Réponſe.

Nous avons fait voir dans nos réflexions ſur les objections qui d'abord nous furent faites à ce ſujet, que la Riviere d'Allier ne fait des aſſablemens & des atterriſſemens que lorſqu'elle à acquis par ſon élevation une aſſé grande rapidité pour pouvoir entraiſner le terres & les ſables qui s'oppoſent à ſon cours, & qu'elle va dépoſer dans les lieux vaſtes, où pouvant s'étendre librement elle devient tranquille, & c'eſt alors que les ſables & les terres qu'elle avoit entraînée par ſa rapidité, coulent au fond par leur peſanteur, & y forment des aſſablemens & atterriſſemens ; mais dans la diſpoſition de la Riviere d'Allier à Moulins, où dans ce cas elle est beaucoup plus resserrée qu'elle ne l'est au-dessus & au-dessous, c'est ce qui ne peut jamais arriver à moins qu'il n'y ait des causes étrangeres qui l'occasionnent, telles que sont les deux Ponts de pierres qui ont été établis en cette partie dont les piles restantes arrêtent la rapidité & la rejettent vers le milieu de l'arche, laissant le derriere des piles à l'abri du courant où les eaux qui y sont tranquilles déposent les terres & les sables qu'elles avoient entraînées, pareillement ces piles rétressissant la Riviere ont dû la faire élever dans la partie d'amont, & occasionner dans la partie d'aval, une chûte qui a creusée le lit au-dessous & formée l'assablement que l'on voit au milieu de la Riviere quand elle est basse, d'où suit qu'en supprimant ces causes comme nous avons fait voir qu'il étoit essentiellement nécessaire de le faire ; ces atterissemens & assablemens se dissiperoient & il n'y auroit plus à craindre qu'il s'en forma de nouveaux à l'avenir, parce qu'il n'y auroit plus de causes pour les produire, & cet avantage ne seroit point procuré par l'établissement d'un Pont de Bâteau, comme on pretend que c'est notre idée ; mais par la suppression des causes qui occasionnent les obstacles qu'on nous objecte.

Quant à l'établissement d'un Pont de Bateau, nousdisons bien que s'il ne contribuë pas à l'évacuation des sables, il est du moins certain qu'il n'y nuira pas, attendu qu'il ne peut jamais occasionner d'obstacles sensibles à l'écoulement de la Riviere; vû que lesdits Bateaux se prêtent & obéissent à la rapidité du courant, que l'eau qui passe sous les Bateaux étant plus resserrée qu'elle ne l'est entre les trauées, pressera aussi d'avantage le fond & loin d'y déposer des sables, il est probable, qu'au contraire elle enlevera ceux qui s'y trouveront, & qu'enfin au pis aller lesdits Bateaux ne pourroient jamais dans les plus grandes innondations lui préjudicier que d'un vingt-cinquiéme, pendant qu'il est manifeste que les Ponts de pierres qui ont été établis, ou qu'on pourroit établir, retroisiroient la Riviere de plus d'un quart, ce qui mérite des considerations très-importantes, eu égard sur tout aux débordemens plus frequens qui en seroient occasionnez, & aux pertes & dommages notables qu'ils causeroient dans la basse-Ville, le Fauxbourg & le Chambon, qui dans les moindres cruës se trouveroient pour cette cause innondez, il ne faut être ni Ingenieur ni Architecte pour comprendre ces inconveniens, il ne faut que du bon sens pour les reconnoître, & en convenir : mais quand bien même après l'arrasement des piles , & l'enlevement des décombres , il arriveroit contre toute vraisemblance que ces affablemens & atterissemens se soutins-sent dans cette partie de la Riviere qui est plus étroite que celle de dessus & de des-sous & où par consequent elle doit être plus rapide , il n'y auroit qu'à descen-dre (comme nous l'avons déja dit) le Pont ën face de la grande ruë qui est au-des-sus de la Tour ou bien même jusqu'au des-sous de cette Tour , pour de-là aboutir à la partie du Quay qui est au-dessus du Magasin des charbons de terre du cô-té du Fauxbourg , par ce moyen on re-medieroit à toutes les objections qui ont été faites , car supposant que la Riviere baissa de sorte que tous les Bateaux vinssét à s'échoüer sur le sable , comme le fond dans cette traversée est presque par tout de niveau il n'y auroitpas grand inconvenient vû qu'il ne laisseroit pas pour cela de servir également au passage des Voitures , Cavaliers & Gens de pied , & si l'on objectoit que les Voitures & Cavaliers étant alors en usage de passer la Riviere à gué en differens en-droits , ou ils en ont la commodité , ce Pont deviendroit inutile , ou ne pourroit servir que pour les Gens de pied , nous répon-drions que cet incident ne regarderoit que les Entrepreneurs qui pendant ce tems n'en pourroient plus tirer de benefice, mais qu'il ne détruiroit pas pour cela l'utilité public attendu qu'on ne demande un Pont à Moulins que pour faciliter aux Voitures, Cavaliers & Gens de pied le paffage de la Riviere, quand on ne peut pas la paffer à gué, & pareillement pour remedier à l'inconvenient des cruës fubites qui arrivent frequemment, ainfi qu'aux débordemens qui interrompent le Commerce des Provinces que la Riviere d'Allier fepare. Or ce Pont fe relevant naturellement à mefure que la Riviere augmenteroit, ne proüreroit-il pas ces avantages, & cette confieration n'eft-elle pas affez importante pour en faire l'établiffement ?

Conclufions.

Toutes ces Reflexions nous ont determinez à penfer que ce Pont pouvoit être jugé impratiquable, & inutile en cet endroit.

Reponfe.

Nous déclarons hautement, que nous faurons gré à quiconque voudra bien nous faire voir qu'elles font les reflexions folides qui ont pû obliger le Sr. Gabriel à conclure que ce Pont devoit être jugé impratiquable & inutile en cet endroit, car pour

nous, nous n'avons rien vû qui n'eut dû
plû-tôt paroître fous le titre d'avis, ou
de confeils pour nous engager à éviter dans
l'exécution, les inconveniens qu'il préme-
dite; que fur celui d'objections ou de réflexions fur des faits qui pour la plûpart
n'exiftent point, & nous fommes perfuadés
qu'il n'y a qui que foit, qui voulant en juger
en honnête homme, & fans partialité, ne
foit du même fentiment.

Suite des Conclufions.

*Quand bien même l'Auteur pourroit
remedier à quelqu'un des inconveniens y
en ayant qu'il ne feroit pas poffible de
vaincre.*

Reponfe.

Nous avons lû & relû ces objections,
chacun eft apportée de les voir, & pour
qu'on en pût juger, nous les avons rendus
mot pour mot & dans les mêmes ter-
mes, mais toutes reflexions faites, il nous
à paru que les difficultez qui peuvent fe
rencontrer dans l'exécution de cette Entreprife, ne fçauroient jamais confifter qu'en
deux points; fçavoir, l'un de trouver le moyen d'amarer folidement le Pont, a cet égard
nous ne croyons pas que perfonne doute de
l'efficacité de celui que nous propofons; le
St. Gabriel lui même n'en difconvient pas

comme nous l'avons amplement difcuté dans la réponfe à l'objection feiziéme; nous n'en parlerons pas d'avantage, l'autre eft de remedier aux atterriffemens & affable-mens; nous avons fait voir qu'elles en étoient les caufes, on ne les a point contef-tées, & il n'eft pas même poffible de les contefter, ainfi il y a tout lieu de croire qu'en les fupprimant; (vû la difpofition de cette partie de la Riviere) ces affablemens fe dé-truiroient & ne reviendroient plus; mais en fuppofant que contre toute apparence cela n'arriva pas il n'y auroit qu'à defcendre le Pont jufqu'en face de la grande ruë du côté de la Ville ou bien au-deffous de la Tour & nous n'aurions alors ny haut ni bas à crain-dre dans toute la largeur de la Riviere, dont le fond à quelques pouces près d'un parfait niveau, eft continuellement cou-vert d'éau. Ces faits étans conftans, & fous les yeux de tous ceux que dans cette faifon voudront prendre la peine de les examiner, où font donc ces inconveniens qu'on ne pourra jamais vaincre & qui doivent ren-dre ce Pont impraticable dans cette partie de la Riviere, car à l'exception des deux circonftances cy-deffus qui font particuli-eres à la Riviere d'Allier & aufqu'elles nous croyons avoir fuffifamment repondu le Sr. Gabriel n'y aucun autre Ingenieur

quel

quel qu'il foit ne peut former aucune objection qui ne foit commune à tous les
Ponts de Bâteaux ; mais comme il y en a
actuellement plufieurs qui fubfiftent , &
dont on fe fert utilement. Ce font autant
de modéles qui doivent ôter toute crainte,
qu'on ne vienne point about de l'exécuter , & autant de preuves convaincantes
du peu de folidité des objections qu'on
a fait, ou qu'on pourroit faire contre cette propofition , pour l'exécution de laquelle un homme d'art & de jugement
pourroit encore employer fes talens & fes
lumieres particuliéres , pour lui procurer des avantages que les autres n'ont
point eu, de forte que au lieu de craindre
le défaut d'exécution, on ne pourroit qu'efperer d'avoir en ce genre un Pont plus utile
& plus commode que ceux qui on jufqu'à
prefent paru. *

* Not. Que malgré tout ce que nous avons dit, il
ne feroit pas étonnant que l'Allier qui n'a point aug-
menté l'hyver dernier , pendant que toutes les Rivieres du Royaume étoient debordées prodigieufe-
ment ; eut baiffée tellement (par les fechereffes exceffives qu'il fait en cette faifon) que contre les regles ordinaires , fon fond dans la traverfée dont nous
parlons fut actuellement découvert en plufieurs endroits , ce que nous ignorons , mais quand cela
feroit , il n'y auroit rien qui pût aller contre ce
que nous avons dit, ni empêcher l'établiffement d'un
Pont en cette partie par la crainte des hauts & des bas,
vû que le fond de cette Riviere eft prefque par tout de
niveau.

Fin des Conclusions.

Y ayant encore d'autres inconveniens qui se rencontreroient dans l'exécution.
Fait à Paris ce premier Fevrier 1741.
Signé, GABRIEL.

Reponse.

Nous venons de representer, que les Ponts qui ont été construits, & qui existent actuellement, pouvant nous servir de modéle, on ne doit avoir aucun doute sur son exécution ; & qu'ainsi les suspicions que le sieur Gabriel voudroit insinuër par sa décision mistérieuse, n'ont nul fondement ; aussi ne pouvons nous les attribuer qu'au dessein qu'il a formé de détruire notre proposition; porté peut-être par le souvenir de nos observations sur son dévis du Canal de Bourgogne, en quoi le Sr. Gabriel auroit grand tort, n'ayant donné nos reflexions imprimées sur le Projet qu'il avoit substitué au notre, qu'en qualité de défenseurs & non d'agresseurs, puisque c'étoit à nous à nous plaindre de ce que sans aucunes considerarations ni mesures, bien que nous eussions recherchez avec soins & empressemens son estime & son amitié, il avoit condamné notre proposition pour y substituer celle dont on a vû les suites.

Au surplus en détruisant le Projet que le

Sr. Gabriel avoit substitué au notre, nous n'avons fait en cela que le devoir d'un honnête homme ; nous n'en avons pas aquis à la verité plus d'amis, plus de protections, plus de recompenses, mais nous avons fait les fonctions d'un bon Citoyen, & cela suffit pour toute personne qui a des sentimens & qui pense comme elle doit : les injustices qu'on nous fait, ne doivent jamais nous empêcher de faire notre devoir, & la charité doit toûjours nous porter à avertir notre prochain des malheurs dont il est menacé.

Quoique la Province de Bourgogne ne nous en ait pas tenu compte, chacun y sait bien que sans nous elle auroit employé inutillement dans cette Entreprise plus de quinze millions effectifs, où elle auroit été cause de la ruine d'une infinité de familles, qui sous la confiance & l'approbation des Etats, y auroient risqués tout leur bien ; nos memoires sont imprimez & publics, on peut les voir, & juger si ce que nous avançons est véritable.

Il paroît donc par cette conclusion du memoire du sieur Gabriel, que la crainte des inconveniens futurs qu'il ne produit point, l'engage à juger que ce Pont qui ne couteroit rien au Roi, à la Ville de Moulins, ni aux Provinces voisines, qui leur feroit néanmoins d'une extrême utilité, & qui d'ailleurs pourroit se faire très promptement sans aucun risque, & à très peu de fraix, seroit inutile & impraticable en cet endroit ; mais dans le cours de ces objections il n'y trouve pas inutile, ni impratiquable un Pont de pierre qui couteroit des sommes immenses, qui occasionneroit sur le Peuple de nouvelles impositions pendant sept-à-huit années qu'on employeroit à le faire, dont on ne tireroit jamais de plus grands avantages que d'un Pont de bâteau qui rétroississant la Riviere d'un quart causeroit de plus fréquens débordemens, dont la basse Ville, le Fauxbourg & le Chambon seroient continuellement endommagez, & qui en outre à en juger par la disposition du lieu, par la rapidité de la Riviere, & la qualité de son fonds, laisseroit un doute pour ne pas dire une certitude constante, de n'avoir pas une durée plus longue & un sort plus heureux que les trois précedens Ponts qui y ont été construits par les plus grands Maîtres, sur les fondes & les réflexions les plus exactes, & dans le terrain qui de tous les environs avoit parû le plus sur & le plus solide, néanmoins ils n'ont pas pû s'y soutenir, & le sieur Gabriel en voulant faire voir que ce n'est pas par le deffaut de soli-

dité du fonds que ces accidens sont ar-
rivés, en donne lui même la preuve la plus
convaincante ; y a-t'il d'ailleurs de la comparaison à faire dans les depenses & dans
les hazards que l'on peut craindre de l'un
comparé avec l'autre ? car quand par des
débacles ou autres accidens imprevûs,
& dont on peut le garantir, le Pont que
nous proposons seroit emporté, comme la
depense ne seroit pas bien grande, la perte ne seroit pas fort considerable, & ce
qu'on en pourroit réchapper seroit toûjours bon, au lieu qu'un Pont de pierre tel
que celui qu'il faudroit faire en cette partie, ayant occasionné une depense immen-
se pour sa construction, causeroit par sa
chûte une perte excessive, & que loin de
tirer du profit des materiaux, il en coû-
teroit encore beaucoup pour debaraffer la
Riviere, comme nous l'avons déja vû
arriver.

Après avoir le tout examiné à fonds &
réconnu la necessité indispensable d'un
Pont à Moulins, avec l'impossibilité d'en
établir solidemment un autre, quelconque
que de Bateau, nous ne pouvons attribuer
cette décision du Sr. Gabriel, qu'au ressen-
timent qu'il conserve contre nos observations sur son projet du Canal de Bourgogne,
qu'elles ont détruit ainsi que nous l'avons

déja remarqué , à moins qu'il n'ait l'idée
de croire qu'en qualité de premier Ingenieur des Ponts & Chauſſées du Royaume,
il eſt de ſon ministére d'employer toutes
ſortes de moyens pour faire échouër toutes
ſemblables propoſitions faites par Gens qui
ne ſont point du corps des Ingenieurs des
Ponts & Chauſſées , qu'elles doivent regarder perſonnellement.

A cela nous répondrions que ſi c'étoit
un ouvrage ordinaire , nous ne cherche-
rions pas à en demander l'exécution ,
cela ne ſeroit point en place ; mais comme cette propoſition eſt plus fondée ſur
le genie que ſur l'uſage , nous preten-
dons qu'elle eſt en ce cas du reſſort de tous
les hommes qui ont le talent d'inventer &
qui doivent avoir ſur ce qu'ils ont imaginez & ſur ſon exécution , un droit de
préference inconteſtable, n'y ayant jamais
eu de loy qui ait borné ou bannie, les
productions de l'eſprit, principalemét quãd
elles ſont utiles , c'eſt pourquoy nous nous
croyons ſur l'execution de ce Pont, &
ſur les avantages qui en peuvent reſulter,
un droit de preference ſur qui que ce ſoit,
& on ne peut nous l'enlever ſans injuſtice,
puiſque ce ſeroit nous priver du fruit de
notre travail, àmoins qu'on ne trouve à
cet éfet une idée differente, à qui nous

la cederons volontiers quand elle sera auffi simple & auffi avantageufe, d'autant que ce n'eft point abfolument l'envie d'éxécuter cette Propofition, & d'en rétirer les avantages qui peuvent en provenir, qui nous oblige aujourd'hui à la foutenir; mais bien le défir de faire connoitre publiquement que cette Entreprife que nous avons propofé eft réellement utile & nullement fufceptible des ridiculités dont on à cherché à la couvrir pour la faire échoüer, & en même temps de faire voir que fans avoir les richeffes & les emplois dont bien d'autres font accablés; nous ne laiffons pas d'être en état de faire des propofitions avantageufes, & peut être même capables de fentir le ridicule de certains Projets, qui font quelque fois reçûs & éxécutés.

Exemple.

On a fupprimé depuis quelque temps fur plufieurs Rivieres naviguables divers Pertuis embarraffans & mal en ordre; au lieu de les rétablir ou d'en corriger le deffectueux, & nous ofons affurer qu'on n'en a pas mieux fait, parce qu'il eft conftant que ces Pertuis étoient trés utiles dans les fécherefles, pour retenir le lit fuperieur defdites Rivieres en état de navigation, & cette confideration étoit même d'une fi grande importance, que dans l'Yonne on

étoit malgré yceux souvent obligé à Joigni
de changer dans l'été les bâteaux de Paris
pour Auxerre, & d'en prendre de plus legers,
ou de les décharger, sans quoy ils n'auroient pas pû monter; n'est-il pas à presu-
mer que maintenant que la Riviere à son
courant libre, il arrivera dans l'été que les
parties de cette Riviere, au dessus des lieux
où étoient lesdits Pertuis, se trouveront
souvent hors d'état de porter bateau, outre qu'on auroit encore conservés des moulins qui auroient eu de l'eau en tous temps,
& qu'il est des saisons ou Paris à trés grand
besoin d'un pareil secours? nous en avons eu
connoissance; mais quoy que nous seussions
le moyen d'y remedier, n'ayant en cela aucun interêt, nous n'avons pas crû devoir
nous en mêler, néanmoins le défaut de
cette opération est de telle nature, qu'il
y a tout lieu de craindre qu'on ne soit
obligé par la suite de les retablir, eu égard
aux causes & raisons cy devant produites;
il auroit donc été plus à propos de chercher
tout d'un coup à les reparer ou à les corriger qu'à les détruire, il n'en auroit pas
couté pour cela plus qu'il en a couté pour
en dédommager les propriétaires, & on
auroit eu des moulins de reste; peut-être
n'a-t'on pas voulu se donner la peine d'en
chercher les moyens, peut-être aussi les
a-t'on

a-t'on cherché fans les avoir pû trouver,

Plufieurs Compagnies s'étoient formées
pour l'execution d'un Canal en Bourgogne, en confequence des Nivellemens, Plans
& Devis qui en avoient été formez , par
tout ce qu'on eftimoit de plus habiles Ingenieurs en ce genre, & fur les Mémoires
& Devis qui en avoient été rendus publics ;
on avoit fait monter cet ouvrage a onze
millions , & à huit années de travail après
lefquelles on prétendoit que cette affaire auroit donné un révenu très - confiderable ;
nous avons demontré publiquement par nos
Objections imprimez que de la façon dont
ce Canal étoit propofé , il n'étoit pas fûr
qu'on put l'executer pour quinze millions,
augmentez du double par l'interêt d'une
douzaine d'années qu'au moins il y faudroit employer , & que fuppofant encore
qu'on en vint à bout, & qu'il pût fe foûte-
nir après fon execution , ce qui feroit forc
douteux, il ne rendroit pas chaque année
deux pour cent aux Intereffez ; ce qui fut
fi clairément prouvé, que trois Compagnies qui fe formerent fucceffivement fur
la fimple lecture de nos obfervations fe
diffiperent , & malgré les lettres patentes
qu'un Particulier (qui n'y avoit aucun
droit) a obtenu ; l'affaire en eft demeu-
rée là , fans que depuis dix ans on ait pû

O

engager perſonne à y penſer ; quoi qu'avant nos obſervations le Projet en eût été generalement approuvé , & que ſur la capacité des Ingenieurs qui en avoient formez les Plans Nyvellemens & Devis, il n'y eut perſonne qui doûta de ſes avantages, & de ſon execution.

Nous propoſames dans le tems , & nous declarons encore aujourd'hui publiquement que nous ſommes prêts à faire voir qu'en conſequence de notre Projet auquel on a ſubſtitué celui que nous avons détruit, nous pouvons tellement faciliter par le centre du Royaume le commerce de toutes ſes parties moyennant cinq millions , que dès la ſeconde année toutes les marchandiſes ſe voitureroient en douze jours de Paris à Lyon , & réciproquement , pour trois livres le quintal , ce qui produiroit peut-être aux Intereſſez chaque année , plus que les fonds qu'ils y auroient mis.

Il s'agit maintenant de perfectionner le Canal de Picardie en rendant navigable la partie de S. Simon à Pequigny qui reſte à faire , & qui certainement eſt la plus difficile , parce qu'à cet effet il eſt moins queſtion des travaux ordinaires , que de ceux que le genie peut procurer , au contraire certains ouvrages ſur leſquels en apparence il ſemble qu'on devroit le plus com-

ter lui feroient peut-être plus préjudicia-
bles qu'avantageux , & il pourroit arriver
qu'on feroit de grandes depenfes très-inu-
tiles, d'autant que c'eſt le genie qui doit
operer l'execution de cette Entreprife , &
non l'argent , qu'on pourroit répandre à
plaines mains fans être affuré de parvénir
au but que l'on fouhaite.

Nous avons propofé à Meffieurs les Intereffez de mettre dès la feconde année moyenant douze cent mil livres, cette partie en
état de navigation, enforte qu'on put par fon
fecours faire tout le commerce qu'on en
doit efperer, il en coûtera peut-être fept
à huit millions, & en y employant fept à
huit années peut être aura-t'on bien de la
peine à en venir à bout ; on en peut juger par comparaifon, avec ce qui a été fait,
nous avons offert de donner fur cela nos
idées à la Compagnie , & de les foumettre
à l'examen de qui elle jugeroit à propos,
après avoir préalablement fait enfemble
nos conventions.

Il y a actuellement dans la Province
d'Auvergne, un ouvrage important , &
qui depuis long-tems à exercé la capacité
de plufieurs fameux Ingenieurs, c'eſt la Pelliere du Pont du Château qui gêne le commerce public, & empêche la navigation
du haut de l'Allier , quoy qu'il y ait plu-

sieurs siecles qu'on s'en soit plaint & que le ministere en differens temps ait envoyé sur les lieux des Gens habiles, pour voir s'il n'y auroit pas moyen d'en corriger les inconveniens avant que d'enlever à un des premiers Seigneurs de la Province un droit dont il est en possession depuis des tems immemorials, & qui fait le principal révenu d'une des plus considerables terres de l'Auvergne ; néanmoins il n'a encore parû jusqu'à present, que des Projets vagues dont quelqu'uns ont été goûtez dans la Province sur la réputation des Proposans : Mais pour nous qui ne jugeons de ces sortes de propositions que par leur bonté intrinseque, nous assurons n'en avoir point encore vû qui avec beaucoup de dépenses n'aient tendus à corriger ce mal par un plus grand, & qui n'aient donnés lieu de craindre un préjudice notable aux revenus de la Pelliere, que nous nous obligeons à corriger quand on le voudra, de façon que tous les bâteaux puissent à l'avenir y passer sans aucuns risques ni dangers, & sans que la pêche ni les moulins en puissent souffrir aucuns domages.

Par tout ce qui a été réprefenté ci-dessus, on peut juger si nous ferions en état d'executer avec avantage le Pont de bâteau que nous avons proposé sur la Riviere d'Allier à Moulins, & si malgré les objections &

les suspicions du sieur Gabriel , nous aurions
assé de genie pour en surmonter les inconveniens & obstacles en cas qu'il s'en ren-
contra , ou qu'il en survint d'imprevus.

Lettre du sieur Gabriel à Monseigneur le Contrôleur General , renvoyée avec les objections ci-dessus à Monsieur de Souvigny Intendant du Bourbonnois.

J'Ay l'honneur d'envoyer à Monseigneur
les Mémoires & desseins d'un Pont de
bâteau sur l'Allier à Moulins, qui lui a été
proposé , & mes observations sur ce qui a
été marqué pour l'executer , ausquelles je
joing des profils figuratifs pour demontrer
quelques inconveniens qui s'y trouvent.
Le même Projet a été proposé en 1722.
il y a 19. ans , par un Ingenieur du Roy
qui avoit été envoyé à Moulins pour y établir des Casernes , il ne fut pas reçu.
Quand même l'Autheur pourroit trouver
des expediens pour remedier aux difficultez
qui s'y rencontrent pour le passage , il ne
me paroît pas que l'on dût lui accorder une

conceſſion à perpetuité, en rénonçant a tous autres moyens ; lorſqu'il fut queſtion d'établir un Pont de bois qui auroit été plus diſpendieux , on ſe contentoit de vingt-quatre années de droit de péages , après leſquels on rendoit le Pont en bon état, & qui pouvoit devenir effranchi de ces droits; c'eſt tout ce qui m'a parû à réflechir ſur cet Objet.

A Paris ce premier Fevrier 1741,
Ainſi ſigné , G A B R I E L.

Par cette lettre le ſieur Gabriel marque que le même Projet fut propoſé en 1722. & ne fut point agréé, il auroit bien pû encore y ajoûter , qu'il n'y avoit alors rien de ſi commun dans Moulins que l'idée d'un Pont de bâteaux , & il auroit dit la verité ; mais toute la difficulté étoit de le rendre ſtable & ſolide , & on n'avoit encore découvert pour cela d'autres moyens que les Pieux & les Ancres dont il n'eſt pas poſſible de faire uſage ſur la Riviere d'Allier , ce qui fit rejetter cette propoſition , car il n'eſt pas douteux que ſi on avoit pu trouver les moyens que j'ai propoſé on n'auroit pas attendu en 1722. à les faire valoir , on les auroit mis à execution dès l'année 1689. puiſqu'en ce tems la chute du Pont les avoit

procuré, néanmoins au dire du sieur Gabriel ma proposition est la même que celle qui fut rejettée en 1722. d'où suit naturellement qu'on ne doit pas la récevoir,
en effet c'étoit bien un Pont de bâteau,
avec cette petite difference seulement,
qu'on ne pouvoit pas en faire usage, parce qu'on n'avoit point encore trouvé des
moyens pour le rendre stable, aussi à cela
près qu'on n'auroit pas pû s'en servir est ce
selon lui toute la même chose.

Quoi qu'il en soit, cette decision ne m'a
point étonnée, je laisse aux Lecteurs équi-
tables & éclairez, le soin d'en chercher les
motifs secrets.

D'ailleurs c'est un espece de formulaire
dont se servent la plûpart des Examinateurs
de pareils ouvrages quand ils ont envie
d'empêcher l'execution d'une proposition
qui leur deplaît, sur tout celles qui peuvent
leur donner de l'ombrage, car telle fut la de-
cission de l'Examinateur de l'Accademie sur
ma decouverte des longitudes où il marquoit qu'une pareille proposition avoit été
faite en 1669. & n'avoit point été agrée,
il est vrai que le Proposant avoit comme
moi pour fondement de sa proposition la
Lune & les Etoiles, mais les operations
consequentes en étoient si deffectueuses,
qu'il y a lieu d'être surpris que l'Accade-

mie ait seulement daignée en faire mention dans ses Mémoires.

Les soins de l'un & de l'autre Examinateurs ont été aussi à peu près, les mêmes & cela ne doit pas paroître surprenant puisqu'ils avoient les mêmes vûës, aussi est-ce dans le dessein d'y réüssir qu'ils les étendent au delà de leur commission; car l'un ne pouvant nier que ma decouverte ne fut utile par terre à la charité d'avertir que pour cela on ne me doit point délivrer les récompenses qui n'ont été promises que pour la découverte des longitudes sur Mer, quoi que pour l'utilité de la marine ce soit peut-être ce que l'on trouvera jamais de plus avantageux : Quand au sieur Gabriel qui n'est pas trop assuré du succès de ces objections il se contente de marquer qu'en cas qu'on me permette l'execution de mon Projet, il ne croit pas qu'on doive m'accorder à perpetuité comme je le demande les droits du Pont.

C'est ainsi que ceux qui ont envie de detruire une Proposition ou d'empêcher un Autheur de l'executer, se servent de toutes sortes de moyens pour y parvenir, ou du moins pour priver l'Autheur des avantages qu'il en devroit naturellement retirer, & pour peu qu'ils ayent de credit & de réputation, on ne manque guere de les croire sur

re fur leurs depofition , de forte qu'une
perfonne qui a travaillé toute fa vie pour
fe mettre en état de faire une propofition
fur l'execution de laquelle il avoit lieu de
compter par l'utilité évidente qui en devoit révenir à l'Etat, fe trouve tout-à-coup
par une decifion irreguliere , non feulement
privé du fruit de fon travail , mais encore
deshonnoré & regardé comme un Vifion-
naire, parce que les hommes en general
ne jugent des chofes que par leur évene-
mens & qu'ils font dans l'habitude de blâ-
mer Ceux qui forment des Projets ; quand
ils ne font pas acceptez ou executez , ne
confiderans pas que tout ce qu'on peut exiger
d'un Particulier, eft la juftefte & l'utilité
dans fes idées , l'execution en étant totalement dependante des Perfonnes qui ont
le droit de les rejetter ou de les récevoir,
& cela provient de ce qu'en certaines
matieres il y a très peu de Gens capables de réconnoître la réalité des objections
que fait un Examinateur ignorant ou in-
jufte , que Ceux qui font capables de les
réconnoître ne veulent pas fe donner la
peine de les examiner, ou de Ceux qui les
ayant examinez & réconnus, gardent le fi-
lence , pour ne pas fe mettre à dos les Perfonnes qui s'y oppofent , & pendant ce
tems une Ville, une Province, le Royau-

me entier sacrifié a l'interêt , à la jalou-
fie , ou au reffentiment , de quelques Particuliers font privez des avantages qu'ils
en pourroient retirer.

On voit encore par cette lettre & par la
maniere dont ma proposition est confon-
duë avec celle qui fut faite en 1722, qu'on
ne fait pas grand état du moyen que j'ai
découvert pour rendre le Pont de Moulins
stable & solide , quoi qu'il constate seul
la qualité de la proposition , & en deter-
mine l'execution , mais on ne doit pas en
être surpris , c'est le fort des idées simples
que souvent le chagrin de n'avoir pû découvrir, oblige à avilir & à méprifer quand
on les sçait , quoi qu'on les regarda comme impossibles & introuvables avant qu'on
en eût eu connoissance ; mais toute vîle qu'-
on estime cette découverte on ne peut dis-
convenir que ce ne soit néanmoins le point
essentiel & déterminatif de l'Entreprise ,
qui fans cela ne pourroit jamais s'executer
& comme il est constant que l'établissement d'un Pont seroit le plus grand avantage qu'on pût procurer à la Ville de Moulins., & a toutes les Provinces voisines, &
que depuis cinquante deux ans que le Pont
Ginguet est tombé il n'y en a point de
quelques especes que ce soit qu'on n'ait
proposé pur le remplacer , on doit croire

qu'un Pont de bâteau étant le plus simple
& le moins coutant auroit été agrée par
preference si on avoit pu trouver sur cette
Riviere le moyen de rendre stable & solide ; mais en cinquante deux ans de soins
& de récherches, c'est ce qu'on n'a pas pû
découvrir, & peut-être sans moi ne l'auroit-
on jamais trouvé.

Ce sont ces réflexions que j'ai crû autant pour mon honneur, que pour l'a-
vantage de la Ville de Moulins, l'utilité
du Bourbonnois, de l'Auvergne & de toutes les Provinces voisines ne pouvoir me
dispenser de présenter à SA MAJESTE' & à
mes Seigneurs ses Ministres en attendant
avec le plus profond respect, ce qu'ils trouveront à propos d'en ordonner.

Que si cet ouvrage merite leur attention
la seule grace dont j'ose les prier, est de
n'en point renvoyer l'examen à personne
sans les assujetir à donner leurs objections
par écrit en me permettant d'en prendre
la communication pour pouvoir y répondre
si le cas y échet.

Aux Vergnes près Clermont - Ferrand en
Auvergne ce mois de Juin 1741.
LESCUYER DE LA JONCHERE.

[illegible] DE F[illegible]
[illegible]
[illegible]

[illegible] à venir.
[illegible]
[illegible]
[illegible]
[illegible]
[illegible]
[illegible]
[illegible]
[illegible]
[illegible]
[illegible]
[illegible]
[illegible]
[illegible]

ATTESTATION

DE MESSIEURS

LES MAIRE ET ECHEVINS

DE LA VILLE DE MOULINS.

*Sur l'Etat actuel de la Riviere, &
l'utilité d'un pareil Pont.*

NOUS MAIRE & ECHEVINS
de la Ville de Moulins en Bourbonnois, certifions que sur la proposition faite
par le S^r. DE LA JONCHERE Ingenieur, de
l'Etablissement d'un Pont de Batteaux sur
la Riviere d'Allier à Moulins, nous-nous
sommes transportés conjointement avec lui
à ladite Riviere d'Allier, laquelle sépare

la Ville de Moulins du Fauxbourg de la Magdelaine, où nous avons trouvé, que malgré l'excessive fechereſſe de cette preſente année mil ſept cens quarante & un, qui a fait baiſſer la Riviere d'Allier au-deſſous de ce qu'on l'a jamais vû, la largeur de ſon Lit eſt encore actuellement toute couverte d'Eau, dans la partie où ledit Sieur de la Jonchere, par ſon Projet imprimé, propoſe d'établir un Pont de Batteaux, qui eſt la traverſée de la Riviere, qui prend du côté de la Ville à la ruë de Bas du Bec, & aboutit vis à vis du côté du Fauxbourg au Magaſin de Charbons de Terre, y ayant toûjours eû en cette partie de l'Eau ſuffiſamment pour le paſſage des Batteaux, par conſequent nous eſtimons (autant que le peu de connoiſſances que nous avons en ces ſortes d'ouvrages, peuvent nous permettre de le faire) que le Pont de Batteaux propoſé en cette partie, y ſeroit très-ſolide, & très-convenable; qu'on pourroit de part & d'autre en rendre les abords aiſés & commodes, & nous ne doutons point qu'il ne fût de la derniere utilité, tant pour cette Ville, que pour le Bourbonnois, l'Auvergne, le Berry, & autres Provinces limitrophes, outre que la modicité de ſa dépenſe ne pourroit

jamais faire un objet d'empêchement à la
construction d'un Pont de Pierres, qui
seroit incomparablement plus utile & plus
durable, si jamais on trouve à propos
d'en faire faire, après avoir trouvé le
moyen de le fonder solidement : En foi
de quoi nous avons signés le present Cer-
tificat, pour servir & valoir ce que de
raison. A Moulins, ce trente Aoust mil
sept cens quarante & un,

Signé, DESBOUIS DE SALBRUNE,
FEBVRIER, PERROTIN DE
LAVAUX, J. SAUDOIS, &
JACOB l'Aîné.

www.ingramcontent.com/pod-product-compliance
Ingram Content Group UK Ltd.
Pitfield, Milton Keynes, MK11 3LW, UK
UKHW020001100726
13658UKWH00002B/757